鲍勃·埃瑟林顿
商业技能经典系列

销售技巧②

COLD CALLING
FOR CHICKENS

以电话沟通
促成销售之术

[英]鲍勃·埃瑟林顿(Bob Etherington) 著
叶文兴 译

中信出版集团 | 北京

图书在版编目（CIP）数据

销售技巧．②，以电话沟通促成销售之术 /（英）鲍勃·埃瑟林顿著；叶文兴译．-- 北京：中信出版社，2019.9

（鲍勃·埃瑟林顿商业技能经典系列）

书名原文：Cold Calling for Chickens

ISBN 978-7-5217-0899-8

Ⅰ．①销… Ⅱ．①鲍… ②叶… Ⅲ．①销售学 Ⅳ．①F713.3

中国版本图书馆 CIP 数据核字 (2019) 第 163087 号

销售技巧②——以电话沟通促成销售之术

（鲍勃·埃瑟林顿商业技能经典系列）

著　　者：[英] 鲍勃·埃瑟林顿

译　　者：叶文兴

出版发行：中信出版集团股份有限公司

（北京市朝阳区惠新东街甲 4 号富盛大厦 2 座　邮编　100029）

承 印 者：北京通州皇家印刷厂

开　　本：880mm × 1230mm　1/32　　印　　张：5.25　　字　　数：91 千字

版　　次：2019 年 9 月第 1 版　　印　　次：2019 年 9 月第 1 次印刷

京权图字：01–2018–9018　　广告经营许可证：京朝工商广字第 8087 号

书　　号：ISBN 978–7–5217–0899–8

定　　价：36.00 元

服务热线：400–600–8099

投稿邮箱：author@citicpub.com

献给商业界的销售人员，这是一本真正的“不可或缺”之书。

没有你们，什么都不会发生……

目　录

第一章

引　言

英雄并不比谁更勇敢，他只是比别人多勇敢 5 分钟。

——拉尔夫 · 沃尔多 · 埃莫森（Ralf Waldo Emmerson）

牙医、恐高、公共演讲、蛇……陌生人的销售电话

前一段时间，我在排队等牙医的时候随手拿起了一本给年轻男性看的杂志，我不记得杂志名了。在随手翻阅杂志的过程中，我发现了一篇指导性的文章，标题好像是“如何约会年轻女性”。在这篇文章众多的调查中，我发现了一项有趣的数据：显然，处于约会期的年轻男性最大的恐惧就是第一次接触。

普通人都不难理解这份恐惧的根源：预想到的拒绝、羞辱，来自朋友残忍的嘲笑，以及对自信心的累积伤害，等等。

这种“第一步恐惧”是根深蒂固的。在全世界范围内允许自由择偶的文化中，大约 99% 的年轻男性都感受颇深。寻求配偶的原动力是非常强烈且原始的。一位男性要想找到合适的女性并吸引到她，这要求男性具备推销自我的本领。推销一个保护者、爱人、养家者以及男子汉形象的前提是破除最初的障碍，这也恰好是难点所在。

我们都想成为兰博*，但不是在任何危险或者窘迫的境况下

把物品销售给别人（包括把你自己推销给别人）需要我们迈出第一步。大部分销售人员对迈出第一步之后可能会发生的情况都有一种“精神前置体验”，这种前置体验会在内心敲响最响亮的警钟。他们会说：“让我和潜在客户坐到一张桌子前，然后面对面地销售，我会做到无可挑剔！但求你别让我拨打陌生人的销售电话。为什么？因为任何事都有可能发生！”

作为一个颇有些经验的销售员（我于35年前在伦敦的兰克施乐公司受训，之后又在英国的大都会酒店锻炼，最后又分别在国际新闻和财经信息领导者路透社的欧洲、亚洲以及美国分部历练），我将给你提供一个真实的、可行的解决方案。

我将向你展示如何在不逃避这份恐惧、不沉溺于无休止的积极思维，或者盘腿打坐、故作平静地跟自己说“嗯”的情况下做好拨打陌生人的销售电话的工作。

在这个阶段，如果你是在欧洲、美洲或者亚洲的书店里读本书，那么你可能会把它放回书架，转身就走，并坚信还有其他销

* 兰博，电影《第一滴血》男主角。——译者注

售方法的书。但请你稍等片刻，因为有一些重要的事情你要知道。

事实上，在任何市场中，85% 的新业务都被 5% 的掌握了拨打陌生人的销售电话秘诀的销售人员获取。

如果这还不能让你信服，那么没关系，你可以把本书放回书架，然后继续做那些 95% 的销售人员中的一员。但是，如果你真的很迫切地想获得真正的成功，那么请继续往下读。因为，帮助你实现梦寐以求的一切的工具都在本书中。

你将会发现什么

如果你是一个信奉“数量至上”的陌生电话销售人员，并且你的工作就是随机地把窗户、相对便宜的工具或电话服务卖给那些正因无法哄孩子入睡而恼怒的户主的话，那么本书对你可能没什么用。我从来没有做过这类工作，而且这听起来好像是一个极度困难的工作。那种“拿起电话就打”的销售方式让你几乎没有机会与事先研究、设计好的人取得联系。在本书中，你将会找到一种有效而简单的方法来和你的新业务客户进行满意的第一次接触。你需分 6 步来进行。

在第一章中，我想以白纸黑字的形式将这些内容写下来，从而确保我们能达成共识。本书不涉及如何消除紧张，以及如何摆脱恐惧和懦弱。事实上，我将会告诉你如何利用你的恐惧使你成为你所知道的最棒的电话销售人员中的一员。为了做到这一点，我将向你介绍一些非常有效的心理学知识，你可以将其武装到你的大脑中。在你弄明白如何使你的大脑恰当思考之前，所有我能提供给你的销售工具、技巧和知识都毫无用处。

世上没有好坏之分，人的想法使然。

——《哈姆雷特》

在第二章中，我将确保你完全理解为什么销售（电话销售只是其中一部分）是公司最重要的活动。我不会过分强调这一点，我甚至会进一步说明这不仅仅是我的个人观点。当你询问任何一个成功的企业家时，他都会告诉你公司中没有比销售更重要的事情。即使你个人可能认为销售是你太忙而无暇兼顾的事情，这一点依旧不会改变。两年前，我曾被一家濒临倒闭的公司的老板请去帮忙，他称他的销售团队为“一群必不可少的游手好闲之徒”。他就是没明白销售的重要性——是的，他的公司失败了。

我还将介绍在销售的每一个阶段什么是最有效的，以及如何分析、呈现你自己和你的产品。我将向你展示如何说服电话另一头的人，让他相信你是一个值得倾听的人。

如果你的语速过快或过慢，抑或你的语调太平或太油滑，那么最多半分钟，电话那头的人就会屏蔽大脑（不再接收任何信息）。除此之外，如果你触犯法律，比如在某些特定国家（包括英国、美国、加拿大、澳大利亚以及很多其他国家）给那些电话公司授权的办理了电话选择服务的人拨打销售电话，那么不仅他们不愿意听，而且你还将面临一笔数目不小的罚款（如果你事先没有做必要的研究和调查）。

当你完成了前两章的阅读之后，你就可以准备进入第三章了。在这里，我将向你透露成功的终极秘诀，这不仅与拨打陌生人的销售电话有关，而且还可将之运用于军事、医药、法律领域（事实上，可运用于你能想到的所有领域）。我将告诉你如何发展及运用这一秘诀去获得你想要的一切。请注意，我并没有使用“任何东西”，任何东西指的是“所有东西”。我说的是你在生活中真正渴望拥有的一切。你信不信并不重要，因为我向你展示的方法将适用于每一个人，就像耐克公司的广告语说的那样“Just do it”（放手干吧）。

第四章将论证为什么“告知”他人任何关于你的产品或者服务的信息都几乎不可能说服客户。客户（我们都是客户）的购物决定都是感性的。我们只有在情感上得到满足之后才去用“事实”为我们的购物决定正名。那么，当你作为销售方时，你可以利用这一点做些什么呢？当你把你的常规产品陈述替换为正确的对话性问题之后，你就会豁然开朗。你还将看到，为什么普通的电话销售人员所犯的典型的“电话推销失误”会导致销售失败。要做好这一点并不难，它只是你需要去养成的一种习惯。你需要非常清楚这一点，因为我们几乎不能通过“告知”来说服他人去做任何事情。不管是一位年轻男性试图吸引一位年轻女性，还是你试图说服你的潜在客户见你一面或者购买你的产品，空谈是不具备说服力的。关键是，永远不要试图为了说服他人去做任何事，人们自己会说服自己。

考虑到你业务的增长，第五章将会是本书最重要的一部分。这是因为大部分公司都会花大价钱去寻找新客户，就像你的公司一样。与此同时，这些普通的公司将它们现有的客户视为生意上的“一夜情”对象。

> 这些“普通”公司的管理者不会明白他们现有客户流失的最大原因就是客户被遗忘了。

所有现有的研究都表明，从一个满意的现有客户那里发掘更多生意比重新去寻找一个新客户要容易 90%，成本也更低。作为一个拨打陌生人的销售电话的新人，如果你想让你要拨打的电话数量保持在最少，那么你就真的需要好好做这部分提到的很多很容易的事情。

哦！还有最后一点

当你在阅读本书时，我希望你记住一件事情：我并不比你优秀。我和你一样不愿意拨打陌生人的销售电话，我也被拒绝过，我也见识过电话那头的粗鲁。

因此，我不要求你做任何我不会做或者没有亲自验证过的事情。本书是一本关于你今天就能做的实际事情的书。我个人就是运用本书中的所有技巧来为我的生意寻找新客户以及让我的竞争对手心碎的。我的大多数竞争对手都只会坐在那里得意扬扬、自我满足、心不在焉——“拨打陌生人的销售电话？我们？……不需要。我们的客户在需要的时候总会来找我们！”别太自信，伙计们……我一直在从你们那里挖走你们的大客户。而你，我亲爱的读者——在你的市场领域，你也可以做到。

我的竞争对手和你的竞争对手不愿拨打陌生人的销售电话的真正原因其实非常简单。他们太过胆小！事实上，几年前我在这一领域有过一个惊人的发现。简单来说，95% 的人（包括大部分需要拨打陌生人的销售电话的人）一生中都在头脑中不断地播放着一盘磁带。磁带上的信息并不好，对我们也毫无益处，它很可能是你的头脑中播放的那个。让我来猜猜它的内容：

当人们发现我只是我的时候，他们会做些什么呢？

如果确实是这样的话，那么你选对书了。所以，翻开本书，尽情阅读吧。

第二章

圈出“养鸡场”

通往成功的电梯出故障了，你必须走楼梯，一步一个台阶。

——乔·吉拉德（Joe Girard），世界最伟大的推销员，《吉尼斯世界纪录大全》

不管你认为自己可以做什么或者不能够做什么，你都是完全正确的。

——亨利·福特（Henry Ford），福特汽车公司创始人

给陌生人拨打销售电话仅仅是销售过程中的第一步，我想跟你说说“销售”到底是什么意思。有没有人曾经说服你买你非常清楚自己不可能会用的东西？他们是怎么做的？你还从他们那儿买过别的东西吗？你随后有和他们保持不错的关系吗？这些都是你在考虑该采取何种销售技巧时会冒出来的问题。

我最早接受销售培训可以回溯到 20 世纪 70 年代初，现在回想起来，那是非常具有对抗性的。那时候的培训充满了操纵技巧和“自以为是”的回答。举例来说，当我们第一次给一位潜在客户拨打销售电话时，第一个接我们电话的人可能是接线员、秘书，也可能是我们想要通话对象的私人助理。那时，这些人通常被称为“看门人”，我们被训练成极度轻视这些“看门人”。如果这些所谓的看门人问我们想和他老板通话的原因，那么我们不要和对方陷入讨论的泥潭，只需要说："这是一个商业问题，我需要跟你的老板谈一谈，请帮我接通！"这种方式很不好。

时至今日，用这种方式蒙混过关的概率几乎为零。这种方式最终导致了那些忽视专注挖掘客户需求、与客户建立情感联系的销售技巧的完善和演变。事实上，这种方式会让我们把生意做绝。这种方式通常只能产生一次性销售，但这正是很多销售人员感兴趣的。

到了20世纪80年代，受推崇的方法更加柔性，主要关于"道德"、"服务"、"关系"、"勤奋"、"质量"、"诚信"和"忠实"。我们那个时候接受的培训专注于与每一位客户建立一种友谊或者关系，以确保客户一直光顾。到了20世纪90年代末，销售主管们发现，他们可以通过使用某些特定话术和事先研究好的游说方法来提升销售额。这类方法大都致力于让客户而不是销售人员主导对话，从而在客户的脑海里创造价值。

尽管所有这些现代销售技巧第一眼看起来可能多有不同，但都是建立在20世纪50年代的AIDA［注意力（Attention）、兴趣（Interest）、渴望（Desire）、行动（Action）］基础之上的。这一原则在这些年中有了些许改变，但是本质依旧没变。

- **注意力**。首先，你必须获得你的潜在客户的注意力，否则他将永远不会聆听你的提议。在报纸的正面使用吸引眼球的大标题是最明显的吸引注意力的技巧，进而触发潜在客户的购买行为。广告公司在收到客户的需求概要以后，会把主要的时间都花在构思标题上。所有的销售形式都是一样的，要先获取潜在客户的注意力。

- **兴趣**。其次，一旦你获得了潜在客户的注意力，你就需要激起他的兴趣。同样，这和报纸标题的作者使用情感强烈的话语来获取注意力而省略有趣细节的道理是一样的。例如，将“流行歌手因性丑闻被捕”作为标题，通过使用全世界最具说服力的四个词之一“性”（sex）* 来博取眼球，然后不告知对方到底是谁来使我们的兴趣达到最高点，直到我们购买报纸。在面对面或者电话销售中，我们在开始时通过说一些能让潜在客户想说的话来吸引他们的注意力，比如“你刚刚说的是什么”或者“请继续”。受到良好训练的销售人员会在这个基础上追加一句话——通常是一个问题，进一步抓牢对方的注意力，但又不告知对方整个故事。
- **渴望**。再次，渴望来自销售人员诱导潜在客户想象和表达那些他们面对的问题，而这些问题销售人员能够解决。为了解释这个问题，培训师通常以苏格拉底的一件逸事为例。据说，有一次苏格拉底被一个学生问道：“老师，您打算什么时候教

---

* 英语中，另外 3 个最有说服力的词是“赢”（win）、“免费”（free）和“你”（you）。

我所需要知道的一切呢？”苏格拉底把学生带到河边，然后把他的头按到水里，一直按着，直到学生开始挣扎着要呼吸。就算如此，苏格拉底还是把他的头按到水里，直到他拼命地想把头抬出水面——差一点就要失去意识了。这时，苏格拉底才让他呼吸。苏格拉底说：“当你准备好了学习你所需要的所有知识时，你会知道的，那就是当你对知识的渴望和你刚才渴望呼吸一样强烈时。在那之前，我会让你一直渴求空气。”受到良好培训的销售员会竭尽所能让潜在客户渴求“空气”，一直不告诉他们解决方案，直到客户非常清楚地意识到他们的问题，而销售员的产品可以解决他们的问题。

- **行动**。最后，销售员必须鼓励潜在客户去行动。“好的，嗯，谢谢……这真是个很有趣的提议，我们决定了会尽快告诉你的。”这些仍然是普通销售电话让人悲伤的反应。他们再次从潜在客户那里听到回音的可能性是微乎其微的。销售人员总会需要潜在客户做下一步的行动——约定下次见面的日期或者直接要求潜在客户下订单。令人惊讶的是，很少有销售人员这么做。

根据市场的不同，有很多“结束”面对面销售或者电话销售的方法。我很有必要在这里做一个概述，之后再进一步展开。

- **直接收尾或往前推进**。当确定客户已经准备好了的时候，你可以直接要求客户下订单或者与客户约好面谈的时间。给客户提供两种可选方案通常很有效。
- **优惠或让利收尾**。运用这个策略可以确保潜在客户认为他在做一个很好的选择并节省了钱（或者得到了更多的价值）。这一策略可以使用类似这样的话术："如果你今天下单，那么我可以给你一个赠品。"
- **缺货收尾**。这个策略和类似如下的话术相结合时非常有效："我们仅剩两套产品了，但如果我们现在成交，那么其中一套产品就是你的了。"很多销售人员在听到这个策略之后会做鬼脸，他们会说"太老套了"。但请你在当地的主要街道上走一走，你会看到很多这样的例子，比如"打折活动仅持续到周五"。我购买衬衫的那家高端服装店以及它所有的分店永远都在进行着半价销售活动，并且总是在周五结束然后又在周一重新开始！我最喜欢的例子是在纽约百老汇大街上的一家商店开展的饥饿营销。在过去的20年里，这家店的橱窗上一直挂着一张牌子，上面写着："我们要关门了，所有商品清仓甩卖！"几年前，我在开始我的培训事业时，很快就意识到使自己保持"稀缺"的策略比随时可以预约更具说服力，比如"明天早上"我将有新的培训工作。很长一段时间，钻石巨头戴比尔斯（DeBeers）通过小心翼翼地控制钻石（在正确的地点很容易开采并且数量巨大）流入市场的数量来保持钻石的稀缺和昂贵。稀缺仍然是卖点，即使是计划中的稀缺。

- **提供试用或者“小狗式”收尾。**你还可以给客户提供一个无风险试用产品的试用期。当你销售的产品致力于使人们的生活更加便捷时，这个方法非常有效。倘若你的产品在试用期内为潜在客户节省了很多时间和精力，那么他们不太可能会把产品还回来。这个策略通常没有看起来那么容易，因为对于有些产品来说，我们在试用期内通常需要做大量的工作来推动潜在客户使用。如果他们没能体会到你告知他们的产品使用体验，那么你很有可能不会再有第二次机会。

我为什么要告诉你这些呢？因为不管你信不信，作为一个销售人员，即使是一个电话销售新手，你都必须做一些销售工作，而你要经历的大概流程都已经在上面做了初步介绍。但这并不是什么大问题，因为你的大部分竞争对手，就像我的大部分竞争对手一样，并没有像他们试图让你相信的那样努力地去工作。

许多人错失机遇，是因为机遇伪装了起来，扮成了“辛苦的工作”。

——托马斯·爱迪生

与此类似，我为电话销售新手提出的同时也是我要推荐给你的适用于21世纪的有效的销售方法，也可以用4个步骤来解释，即IKEA。这4个字母分别代表情报（Intelligence）、连锁反应（Knock-on effect）、扩张（Expansion）以及合宜（Appropriate）。它和著名的家具店“宜家家居”（IKEA）同名，这使得IKEA的方法很容易被人记住，但是为什么它这么有效呢？因为它使用了一个非常具有常识性的方法来打开销售流程，这是基于如下3个事实的。

- 大部分的产品和服务其实是提供问题解决方案的。
- 我们所有人都不会是任何产品或者服务的真正潜在客户，除非我们首先承认我们有一个问题需要解决。
- 作为潜在客户，自我承认有需要解决的问题在很大程度上取决于我们在“购买阶梯”上所处的位置。

IKEA方法首先基于我们想要销售的产品或者服务的潜在问题解决的价值分析。只有在这一步骤完成之后，我们才能开始运用IKEA方法。那么，IKEA方法中的每一个词分别代表什么呢？

情 报

这里说的是军事意义上的情报，与常规的、基于陈旧的“这就是一个数字游戏”（“你打电话的次数越多，你拿到的订单就越多”——你同样会吃到更多的闭门羹！）的随机方法不同，你需要用你的大脑思考。你需要问问你自己，你的产品能解决哪些问题。如果你不确定你的产品是如何为现有的客户解决问题的，那么直接去询问他们。如果你是一家初创公司或者是一家已经有新产品的相对成熟的公司，那就坐下来问问自己：“我试图解决的问题是什么？”一旦你确定了这一点，再浏览一下全国性的报纸、杂志、网络以及你现有的客户名单，找出那些可能会有同样的问题而你又恰好能提供解决方案的相似公司或者组织。

其他一些你能获得潜在商业情报的绝佳来源就是报纸、电视、收音机或者网络上所有会影响公司的任何类型的新闻。如果一家公司正经历着各种类型的创伤性变化，比如推出新的管理策略、大规模裁员、办公室关闭等，那么在新业务领域内的机会对你来说是丰富的！任何“大转型”，特别是管理上的转型，通常预示着许多相关联的小转型。

当新的“高级主管”接管后，他们通常会在所有领域发起变革，如保洁员、饮料机器供应商、文具供应商、电脑维修员、招聘顾问等。

不管何时，只要看到类似的通知，特别是当通知中包含了接管或者正在发起变革的高级主管的名字的时候，我总是会打电话给他们。

如果一个接线员、私人助理或者其他的“看门人”告诉我他们的公司正在经历着大的变革，并且近期内我跟任何人沟通都没什么意义，那么我可以确认一件事情，他们只是不知道正在发生的事。他们不明白，变革即将横扫他们的公司。

旧的供应商将会被踢出局，会被视为“旧理念”的象征；而新的供应商将会被拉进局，进而代表新浪潮。如果你的产品或者服务供给对于下层员工来说特别明显的话，这就是一个绝佳的机遇。新老板想让员工看到并且感受到现在和以前不同了。是的，这可能是一个权力游戏，但从你的角度来看，这就是开创新业务的绝佳机遇。

连锁反应

就像冰山一样，一个被承认的问题通常只是隐藏在表面之下的更大问题的一角，它会影响潜在客户生活的许多方面。这里的任务就是思考可能会存在哪些连锁反应。比如，就像我一样，你正在销售一个销售经理培训课程。对于潜在客户来说，没有达成今年的销售目标并不仅仅是销售总监的问题，它还必将影响现金流、员工士气、员工留存率、许多人员的就业前景，甚至整个公司的生存。通过思考所有的连锁反应，你就开启了一个强有力的征程，这在你最终和你的潜在客户直接对话时，能使得你在他们心中创造价值。

扩　张

综合上述所有信息，你现在就可以针对你想要拨打销售电话的人进行相关信息的收集。比如，在情报这一步骤时，你可能碰到过这样的公告，一位国内公司的高管决定率先开拓国际市场。那么，对这个人来说，更多的信息可能会集中在潜在的文化、语言以及当一家外资公司在一些国家设立店面时可能会碰到的难以预料的员工问题（我之所以选择这个例子是因为这是基于我几个月前发现并且成功拨打销售电话的真实案例）。你传达的信息应该有 3 层含义。

- 有点令人不安——“你刚刚说什么？”
- 权威性——你的潜在客户感受到你确实懂得你所说的东西。
- 基于价值——让你的潜在客户感知到你所说的都基于价值。

合　宜

大部分最初的销售方法只有在电话销售人员花了时间去分析潜在客户所处的购买阶梯位置时才会成功。假如一位潜在客户刚刚买了一台新的复印机，那么他已经处于购买阶梯的顶端了，很可能他并不会那么快就开始新的攀登。另外，如果他拥有一台旧的复印机已经有一段时间了，那么他在新的购买阶梯上会处于比较低的位置，并且能更愿意倾听购买新产品的益处。通过倾听人们的反应，甚至在拿起电话之前就做足功课，你就可以为你的电话销售对象量身定制合宜的信息。我们把潜在客户在购买阶梯上的向上攀爬称为“下一步”。“下一步”可能会是产品出售，但是更有可能是第一次面谈、产品展示或基于之前面谈的一次产品介绍。不管是什么，打电话的人必须在拨打电话之前清楚他的“下一步”（如果你愿意，那么你可以把它称为最低目标）。通过这种方式，销售人员就会把销售流程巧妙地引向一个成功的结果。

如你所见，传统的 AIDA 原则和紧跟潮流的 IKEA 方法有着很多相似之处。我将在本书后面进一步深入地讨论 IKEA 的步骤。可能在你看来这里面的大部分内容都是常识，很多人，包括你的竞争对手，都可能正在这么做，但是我向你保证，他们并没有这么做！

大部分的销售人员除了“祈祷”业务找上门之外，并没有做什么事来激发新的业务，他们只会“临渊羡鱼”。事实上，尽管你已经阅读到这里了，你可能仍然是他们中的一员。让我们粗略地谈一下销售的一般情况及其在商业中的地位。

销售是无所不能的

在任何公司中，没有什么比“销售”更重要的了。每一个市场中都有大量的“产品”，而你并不需要创造新产品或服务去取得成功。商业世界中最大的短缺就是缺乏愿意去销售已经存在的产品的人。在你的公司里，如果你没有销售业务，你就不需要管理总监、首席执行官、首席运营官、会计师、工程师、设计师、“华丽的”办公室、有漂亮字体抬头的纸张、镶金边的商务名片、满满的仓库或者其他任何东西。因为确认你有业务的唯一标准就是：你有客户吗？

首先消灭大谎言

销售中最大的谎言就是这句古话：“设计一个更好的捕鼠器，世界会为你敞开大门。”在21世纪，这种谎言不会发生。如果你在一家大公司工作，广告预算高达数万美元、数十万美元，甚至数百万美元，那么你可以把它花在各种类型的媒体广告和宣传上，并以此达成销售。但是，这种花费令人惊愕，并且仍然有很大的偶然性。正如美国百货巨头约翰·沃纳梅克（John Wanamaker）所言：“我花在广告上的钱有一半是多余的，问题在于我不知道哪一半是多余的。”

除了媒体，分类广告、销售信、精美的传单等则是便宜的选项，但任何将它们作为基本销售工具的人都会告诉你，它们通常没有任何效力。这也是为什么它们会如此便宜。

好吧，我知道你有一个朋友的朋友在外面“创业”，并且将广告上传到了网站上，然后电话从第一天起就响个不停。那就是我们所说的彩票理论：你在网站上花了一点点钱，然后往后一坐，看着数百万美元滚进来……只是它们不适用于广大的人群。几年前，当我还在美国工作的时候，我在去纽约肯尼迪机场的路边上看到一个广告牌，它是由华尔街一家销售金融管理服务的公司竖立的，它的标题是这样的：

> 下个星期有人会中彩票。
>
> （只是这个人不会是你。）

这条广告很准确地总结了大部分人和公司的境况：你不可能在销售和成功方面一飞冲天，除非你为之努力。网络很伟大，但是你必须面对现实——它仅仅是另外一个市场，里面充斥着数以万计的网站。如果这是你的销售策略的核心，那么你需要花费大量用于搜索和“按点击付费”的钱来获取关注，但并没有销售保障。

最有效的激发销售的方式就是亲自拿起电话

那么，让我们开始吧。首先，我们很有必要来定义我们所说的“陌生电话销售”的定义：

> 陌生电话销售，简而言之就是和陌生人接触。

如果你想的话，你今天就可以让自己了解陌生电话销售。一个被证明的事实是一个幸运的人的特质是他能广结善缘，因此他不会再浪费时间。冒着被人认为是傻瓜的风险来试试这个：养成在公共场合与人交谈的习惯。有些人会明确地告诉你他们不想说话（有时我也这样，我并不总是喜欢社交）。但是，我发现，在80% 的情况下，当你问其他人一些关系到他们自身的事情时，他们都会告诉你。

正如戴尔·卡内基在他 70 多年前出版的书《人性的弱点》（*How to Win Friends and Influence People*）中所建议的，如果你想让别人喜欢你，那么不要跟他们谈论“你”，去询问和了解他们自己。

从科学的角度来看，正如“六度分离实验”所描述的那样，在这个阶段，你和谁聊天并不重要，但是一定要找到聊天机会。首先，让你自己放松……毕竟，本书的书名是《销售技巧②：以电话沟通促成销售之术》……所以我猜你一定会觉得它不简单（目前是如此）。但是，如果可以的话，请养成微笑和“与人闲聊”的习惯。比如，你可以在银行、超市或者邮局排队时开始与人对话。

“哇，你在哪里买的芦笋啊，看起来真不错。”“偶尔在一个大晴天换换胃口，真棒，不是吗？”“我能帮你提一会儿那个袋子吗？”或者，跟飞机上坐在你旁边的人说：“你是要回家吗？”这句话是我最好的“开场白”，并且在过去的这些年中给我带来了至少 10 宗新的业务联系——谁在乎这些简短的回复呢！

六度分离实验

1967 年，美国社会学家斯坦利·米尔格拉姆（Stanley Milgram）在美国进行了一项实验。他想出了一种测试他的“世界比我们想象的要小得多”理论的方法。他认为，因为 2 亿生活在美国的成年人，辅以一点点提示，每个人至少可以叫得出 250 个人的名字，所以全国每个人之间都会存在一些非常紧密的联系。

他在美国中西部地区随机选择了 10 个人，并且让他们同意把包裹最终寄给他们从未听说过的居住在马萨诸塞州的人。寄件人被告知最终收件人的姓名、职业以及家庭住地。他们被告知要把包裹寄给他们认识的人，这个人是所有家人、朋友、同事中最有可能认识最终收件人的人。第二位收件人重复这个操作，以此类推，直到包裹被寄送到目标人物手中。

尽管所有人都预期这个包裹会经过至少 100 次传递才能到达目标人物手中，但包裹平均只通过 5 ～ 7 次传递就在茫茫 2 亿成年人中到达了目标人物手中。这一发现被刊登在《今日心理学》（*Psychology Today*）上，并且随之诞生了“六度分离”这一概念。几年前，这一实验又在英国进行，英国人口大约只有美国的 20%。在这种情形下，包裹所经过的中间人的平均数量只有 4 个。

注：20 世纪 80 年代和 90 年代，许多人认为这一实验不具备强大的说服力，因为他们认为斯坦利·米尔格拉姆的原始样本太小。2001 年，哥伦比亚大学教授邓肯·沃茨（Duncan Watts），继续了他早先对“六度分离”理论的研究，并且在网络上重现了这一实验。他把一封电子邮件作为需要被传递的“包裹”。令人惊讶的是，在分析了来自 157 个国家的 48 000 名发件人和 19 位收件人的数据之后，沃茨发现，中间人的平均数量是 6 个。

在某些时候，每家公司都必须进行电话销售。就像我们所有人的身体在体型、体重、身高、头发和眼睛的颜色、性别、年龄、脑力等方面都有所不同一样，但每个人都必须做几乎同样的事情来保持生存、生长和繁衍。同样，商业在市场、专业、规模、增长目标、现金流等方面也都存在不同，但每家公司几乎要做一样的事情来维持生存、生长以及增值。它们迟早（更希望能尽量迟一点）也会消亡（没有什么能永恒）。

但是，如果公司没有定期地做些事情来维护新的潜在客户，那么所发生的一些现有客户的流失现象最终会导致公司过早死亡。因此，如果你问我什么样的公司需要进行“电话销售”，并与有可能成为新客户的陌生人建立联系，那么我的答案是所有的公司都需要这样做。

大型公司最大的慢性杀手是“自满”和“只说不做”。在许多我曾经拜访过以及仍在拜访的销售办公室中，中午时分你会发现销售人员坐在他们的办公桌前“忙碌着”。忙碌的内容包括写邮件、打电话、开销售会议、聊天、写信、写报告以及吃饭，但你唯独听不到销售的声音。中午，销售的声音本应该是真正的“寂静之声”。为了解释个中缘由，我想把你带回30年前。

接下来的30秒将会改变你的人生

“接下来的30秒将会改变你的人生”，当我在1970年读到这句话时，它也确实改变了我的人生。这句话是复印机公司兰克施乐在一家伦敦报纸上的招聘广告的标题，我应聘了。几天后，我收到了一个信封，里面有一张名片，名片的正面写着：“打给我。”这张名片是一个男人寄来的，我们暂且称他为布鲁斯·坎特（Bruce Cantle）吧。

这是一个不同寻常的面试邀请，但我还是拨打了电话，之后我参加了面试并且得到了这份工作……目前你就只需要知道这些。布鲁斯当时是兰克施乐在伦敦南部克罗伊登（Croydon）的区域经理。他和兰克施乐公司教给我的东西改变了我的人生。如果你选择遵循他的建议，那么这些建议也可以改变你的人生。它们对每个人都有效，你只需要去行动。

当时，布鲁斯 30 来岁，身材高高的，秃头，在销售方面成绩斐然。他的长相具有欺骗性，因为他看起来和听起来都像一个高大的劝诫牧师。当我们这些新来的人通过了兰克施乐公司的基本培训后，我们就被送回分公司担任各种各样的有关支持或学习的职务，直到某个销售区域有空缺。

一旦你被派到一个区域，公司就期望你开始工作。公司的文化是公司不供养任何游手好闲的人。

我们的训练手册上的第一步就是“有组织性”，第二步是“开始拨打陌生人的销售电话”。因为第二步无疑将会很艰难，并且我们需要一定的准备时间，所以我们所有人都在第一步上花了很长时间。的确，我们大多数人在几天之后仍然停留在第一步上。作为一个“老专家”，布鲁斯了解这一切，并且也知道随着时间的推移，我们停留在第一步的真实原因会变得越来越站不住脚。他会观察事态的发展并突然采取行动。

在经过 3 天多一点的“有组织性”培训之后的某天上午 11

点，他突然出现在销售楼层。他走路带风，还拥有笔直的走路方式，特别像一只天鹅——在他走路的时候，他的上半身保持不动，而腰以下的部分则快速地移动。他快速地走向最近的“实习生席”（也就是我坐的位置），在距我 10 米开外的地方就用惊讶的语调大声喊道：“鲍勃！鲍勃！你怎么在这儿？!”我脱口而出地说出了我脑海里的话：“布鲁斯，我刚刚完成了电话簿的准备工作，然后我必须写信给那位正在搬家的客户。在那之后，我需要整理我的笔记，然后……”就在此时，布鲁斯打断了我的话，整个办公室都安静下来了……他们知道即将发生有趣的事。

“不，不，鲍勃，”他用和蔼的、劝诫牧师般的声音说道，“你知道吗？鲍勃……（和蔼的语调）你是一个年轻人……刚刚涉足商业……你还没有意识到一件非常重要的事。你知道那是什么吗？……你不知道？……那我来告诉你吧，那就是这个办公室里没有客户！……但可能你认为有……我们一起看一看，好吗？”

这个时候，他用一只手遮住了眼睛，做出“我看不到客户”的动作，他转向我，仿佛在说：“没有，至少我目之所及没有……什么都没有……一个客户都没有！”

然后，他冲向窗户，俯瞰下面的高速路并兴奋地喊道：“哦，看哪……他们在那儿……在下面来回穿梭着，在那些办公楼里坐着……他们的口袋里鼓鼓囊囊的全是钱。快，拿起电话，在别人之前和他们对话吧。”

办公室里的每个人都见过他这一套，因此办公室里再一次充满了哄笑声。在哄笑声渐渐减弱的时候，他把我叫进了他的办公室，关上门并画出了你将会在本书第三章看到的图（见图 3-1）。

愚蠢的总经理混杂在其他愚蠢的总经理中间

“销售很简单，”他说道，“只是不容易。另外，销售也没有你办公室里的同事让你相信的那么难。你想获得你想要的生活的最佳办法不在这间办公室里，而是在外面，在钱所在的地方。”

他指向外面——办公室的“厨房区域”，然后问我是否知道那些是什么。我回答道：“很明显，厨房。”“不，很不幸，那是你认为的。”他说道，“我不知道他们为什么把这些放进办公室。事实上，它们是极具伪装性的机器！在其他办公室，它有时候被称为‘水冷器’、‘饮料机’或‘咖啡机’。但你知道这些东西到底是什么吗？……不知道？它们都是吸取办公室快乐氛围的设备！因为当两三个销售人员聚集在这些设备周围时，即使在他们无比幸福的时刻，他们也会开始说一些这样的话——‘天哪，我好累’‘是的……我受够这些了’‘没有人买任何东西’‘竞争对手拥有比我们好得多的产品’‘这是一年中最难卖东西的时候’‘没有人在周一（周二、周三、周四、周五）看到销售人员’‘还有，别忘了，现在是 6 月……糟糕的 6 月（7 月、8 月、9 月、10 月、11 月、12

月、1 月、2 月、3 月、4 月或 5 月），每个人都知道的’‘你知道布鲁斯（老板）吗？……他就是个十足的蠢货，他一无所知’‘我正在认真地考虑离开……我下周有个工作面试’‘不怪你……我也正在考虑离开’。”

布鲁斯说得对。我已经从事销售行业超过 35 年了，在创立自己的公司之前已经为很多不同的公司工作过。令人惊讶的是，我总是在那些公司（如果你听那些总是待在办公室或者咖啡机周围闲逛的人的话）经历最糟糕的管理、最糟糕的产品、最糟糕的客户、最糟糕的佣金计划，以及一年中最糟糕的时段加入。厨房区域、水冷器以及饮料机通常具有吸收激情的能力。

只有一件比激情更具传染性的事情，即缺乏激情

当你在办公室时，特别是在任何一个“忧愁制造者”附近时（你必须在你的办公室鉴别出他们，我打赌你肯定能想起至少一个人），你很容易被影响，并成为问题的一部分。因此，尽量少在办公室待着。

失望最好的解读剂就是行动。

——琼·贝兹（Joan Bayez）

那些给公司带来业务的人很少出现在办公室，假使他们在办公室，他们也在打电话。外出到有钱的地方……办公室里没有客户，正如我在芝加哥演讲的时候听众中的一位女士回应道："是的……就像公寓里没有男朋友一样！"

美国臭名昭著的银行劫匪威利·萨顿（Willie Sutton）曾被警方问及为何一直抢劫银行时回答道："因为那是钱所在的地方。"

清除被感染的"趴桌侠"

如果你的销售工作是100%的电话销售，而你总是待在办公室，这里有一个便捷的方法来处理那些不可避免的抱怨者（这对那些偶尔需要在办公室工作的销售人员也很有用，所以请继续阅读）。当你在咖啡区遇见一个被感染的人，或者他端着咖啡趴在你的桌边并准备好开始传播这种"传染病"时，让他开始他的日常例程："哦，天哪……我太累了。那个新来的经理真的把我逼疯了……我是认真的！……我对这一切烦透了。我们的服务糟透了，你最好别告诉管理层。……新的佣金计划令人厌恶……你和我都知道的。……没人听！我正认真地考虑离开……这真的是……荒谬！……荒谬！……我是说……我在浪费时间……我们全都在浪费时间！”

然后，当抱怨者终于没了精力时，他会这么做：微笑、起身、大笑，就好像他刚刚告诉了你一些非常滑稽的事情。然后，他会说：“是的，我知道，那很棒，不是吗！……你知道你能让我发笑，你真的能。那么……我必须继续了……稍后再聊！”然后，你转过身去继续你的工作。有趣的是，那个人在接下来的几个星期都不会再来烦你。你知道为什么吗？因为专家若干年前发现的一个现象，即悲惨热爱同伴。如果抱怨者遇到另一个拒绝被感染的人，那么抱怨者会直接走开。你可以试试看，然后告诉我发生了什么。

因此，我重复一遍，尽量少在办公室待着。当你在办公室时，远离厨房区域或者任何人们聚集并抱怨他们人生的地方。如果你必须去办公室，那就把你的打电话时间安排得非常早或者非常晚，在那些报怨者还没进办公室或者已经回家之后打电话（更建议你把打电话的时间安排得更晚）。尽可能快地让自己离开办公室。如果你愿意，那么你可以在家里打电话，或者站在公园的湖边打电话（我的最爱）。在如今的手机年代，你可以在任何地方拨打销售电话。对于大部分销售人员来说，你真的没必要在办公室里做这件事。

我在美国居住的时候，参观过一家非常成功的销售办公室。办公室的墙上有一个巨大的时钟，时钟的一半（上午 10 点至下午

4点共6个小时的区域）被一张棕色的纸掩盖。销售总监是我一个很好的朋友，他当时有一条规定，除非能看见时钟的指针，否则所有的销售人员都不可以待在办公室。

那张棕色的纸上写着："如果你想每天都有所收获，上午10点至下午4点之间请远离办公室。"（如果你不能远离办公室，那就请远离厨房区域。）

你不可能节约时间，只能用好它

那你呢？你有管理你的时间吗？……或者时间正在控制着你吗？在我看来，许多销售人员都是从一个危机跳入另一个危机中。事实上，我得出的结论是，他们喜欢处理危机。"哦，不！"他们说，"又一个紧急危机！这就意味着我没有时间做真正的销售工作，尤其是陌生人的电话销售工作。当然，我热爱这份工作。"（确实如此！）他们实际上所做的是希望一些幸运的事情神奇地发生。我认识的一些销售人员每天都在这么做。他们怎么生存？怎么会有人在一天中最好的时间待在办公室里倒腾邮件和报告却希望获得想要的销售业绩呢？

在我的讲座中，我常常通过下面的演示（阅读"生命中不可或缺之事"）来讲述如何为真正的销售活动以及陌生人的电话销售活动留出时间，每天都应如此。

我说："好了，现在是提问时间。"然后，我拿出一个老式的泡菜坛。那是一个非常大的宽口坛子，我把它放在我身前的桌子上。然后，我拿出大约 12 个拳头大小的土豆，小心翼翼地把它们一个一个放进坛子里。当土豆堆满坛口再也放不下时，我问："这个坛子满了吗？"在座中的每一个人都喊道："满了。"

我继续问："真的吗？"然后，我把手伸到桌子底下拿出一包没去壳的花生。我把一些花生倒入坛中，然后摇晃坛子使得花生掉入土豆之间的空隙。我再问："这个坛子满了吗？"

这时，全体学员都明白我的意思了。"可能没有。"总有一个人会回答。

"很好！"我说。我再一次把手伸到桌子底下拿出一桶生的豆子。我开始把豆子倒入坛中，然后它们就直接进入土豆和花生之间的空隙中。我再一次问："坛子满了吗？"所有人都喊道："没有！"

我再一次说道："很棒。"然后，我拿出一包绵白糖倒入坛中，直到把坛子装满。然后，在适当的停顿之后，我望着他们并问道："这个演示的意义是什么？"

其中一个平时很积极的聪明小伙子亚历克（Alec）嗖的一下站起来自信地答道："意义就是，不管你一天的行程安排有多满，如果你真的努力去尝试，那么你总是能往其中加入一些新的事情！""事实上并不是这样，"我说，"那不是我给你们演示的意义。

这个演示教给我们的道理是，如果你不先把大的土豆放进去，你将永远没机会把它们放进去。”

那么，你的商业生活中的“大土豆”是什么呢？我相信不需要我告诉你，比如拨打陌生人的销售电话、寻找潜在客户或联系新客户。记住每天都得把这些“大土豆”先放进去，不然你将永远没机会把它们放进去。因此，今天晚上或明天早上，当你回想起这个小故事时，你可以问自己这个问题：明天我的商业生活中的“大土豆”是什么？然后，把它们先放入你的坛子中。

时间是这个星球上每个人每天都拥有同等数量的唯一东西。成功的销售员和那些表现平庸或者糟糕的销售员之间最大的分别就是如何运用完全等额的时间配给。

> 没有人拥有足够的时间，但我们都拥有全部的时间。

你可以做一些事情来帮助自己更高效地管理时间。对于销售人员来说，时间管理是一个自觉的决定。首先，销售人员，尤其是像你这样的“电话销售新手”，需要明确什么是重要的，然后围绕这些事情计划好你的销售日程。如果你不这么做，那么你会发现，一天会在碌碌无为中消逝。关键是，你要提前一天做好准备。不要让时间给你发号施令，你要坐在队长的位置上，决定明天做什么。你明天的目标是什么？你最后想得到的结果是什么？对你来说真正重要的是什么？你需要采取什么行动来实现这些目标？如果你只行动一次，那就使它成为像下面的故事中描述的那样。

世间所有的时间

我曾见过一位年老的小偷——时间老人，

一瘸一拐地从远处走来。

他的背上有一个背包，

里面装的是流逝的分钟。

他打开背包向我展示——

不是分钟，而是几年、几十年、一个世纪，

或者说很多流逝的分钟。

“我想买一年，”我说，

“我会付给你很多钱的。”

"如果地球的模具是最好的金子，

我也不会卖给你，

因为我从国王、弥尔顿、莎士比亚、巴赫身上窃取了很多年。

你怎么可能买到如此珍贵的东西？

普通的金子就是垃圾。"

他束起了他的背包说："再见了，

年轻人，我已经拿到我的酬劳了。"

因为当我试着让他卖给我时间的时候，

他从我身上偷走了一个小时。

——无名者

20 世纪初，美国银行家查尔斯·施瓦布（Charles Schwab）向公共关系和办公场所效率管理的早期从业者艾维·李（Ivy Lee）询问如何更有效地管理时间。李与施瓦布（以及施瓦布的员工）共度了一个星期。在这期间，李观察了他们的时间管理方式。他们有很多忙碌的项目，每个项目都有每天更新的待办事项和相关活动列表。一个星期之后，据说李为施瓦布提供了一个重要建议。施瓦布感谢了李并询问他的酬劳是多少。李回答道："你什么都不用付给我，但请保证你和你的员工不折不扣地遵循我的建议30天。从今天起的一个月之后，付给我你认为我的建议所值的钱。"施瓦布同意了，然后在一个月后给李开了一张35 000美元的支票。那么，到底是什么样的建议能够在20世纪初值这么多钱呢？很简单：列好你的"待办事项"，优先安排你最重要的6件事，但是一定在前一天晚上完成。

为什么要在前一天晚上完成呢？为什么不是将其作为早上的第一件事来完成或是当第二天事情出现的时候再完成？似乎除了睡前，一天中的任何时间做事情都不及前一天晚上的一半、四分之一甚至十分之一的效率。我的一位脑外科医生朋友——同时也是一位心理学家（你看，我混迹于广受赞扬的圈子！）说，"睡前清单"实际上在你睡觉的时候会被你的大脑仔细思考过。即使你在睡觉，你的潜意识也在过滤和评估之前12小时内接收到的信息，甚至开始处理以及寻找问题的解决方案。老话说，你应该"考虑一晚上"，似乎有一些合理的事实基础。因此，在你休息时让你的大脑为你做一些简单的工作是非常值得的。你不用花费35 000美元，这得感谢施瓦布花这些钱来发现这一现象。

在前一天晚上写下你的待办事项（我曾是一个电话销售新手以及一个完全没有组织性的人）是一种非常有益的计划方式，你每天都能取得扎实的进步。步骤如下：

- 每天在睡觉之前列出你第二天要做的各种事项。
- 优先安排你清单上最重要的 6 件事。
- 第二天检查清单，并从第一件事开始做。
- 做清单上第一项所代表的事。完成之后划掉它，继续做第二项。
- 继续完成你前一天晚上优先安排的 6 件事直至完成。然后，尽你所能完成你清单上的其他事项。
- 不要走弯路，最重要的 6 件事是你为达成目标必须完成的事，其余的事可以不去完成。
- 晚上以同样的方式列出第二天的清单。有一些事可能会从今天的清单转移到明天的清单，在你确定优先级之后，这些事明天可能仍然不会被完成。这会让人好奇它们是否真的那么重要。

实际上，所有这些时间管理建议并不是万能药。你能一直扮演一个前瞻性的角色吗？当然不能。紧急事件确实会出现，你必须经常对截止日期做出反应。但是，通过事先思考和计划——具有前瞻性，你能减少应对被动突发事件的数量。

即使是上面介绍的时间管理工具也并不总是适用于每一个人，

你应该立刻找到对于作为独特个体的你最有效的方法。你需要更好地安排行程吗？你需要更高效地划分优先级吗？你早上的工作效率更高吗？你是否想着一次性地完成整个项目而不是把它分解成更好管理的部分？什么方法对你有效呢？

通过表 2-1，你能找到一种分析和计划你的一天的方法。一天当中，我们可以把我们的活动定义成“重要任务”、“紧急任务”、“重要但不紧急任务”以及“紧急但不重要任务”4 类。

表 2-1　陌生人的电话销售新手时间优化利用表

重要任务 （大土豆） ■ 拨打陌生人的销售电话——上午 7 点 45 分至上午 9 点 15 分 ■ 面对面销售——上午 10 点至中午 12 点和下午 1 点 30 分至下午 2 点 ■ 拨打陌生人的销售电话——下午 5 点 30 分至下午 6 点 15 分 ■ 在重要任务期间，你不可以接电话、打电话或者发送短信息，你需要关机	**紧急任务** （豆子） ■ 突发事件——上午 9 点 15 分至上午 10 点和下午 4 点至下午 5 点 ■ 在处理突发事件期间，你可以开机

（续表）

重要但不紧急任务 （花生）	紧急但不重要任务 （绵白糖）
■ 午饭（也许可以拨打一些陌生人的销售电话）——下午 12 点 30 分至下午 1 点 30 分 ■ 报告、会议、提案、邮件以及与老板的讨论——下午 5 点至下午 6 点 ■ 有必要的话，加上周末偶尔的陌生人的销售电话——你会吃惊于你能拿下客户	■ 没有给这些时间小偷分配时间：与家人和朋友煲电话粥，在厨房区域围绕着饮料机聊天，处理 80% 的邮件和大部分的短信

陌生人的电话销售新手的首要工作是由那些重要任务框里的事项组成的。这些都是之前讲座里提到的坛子里的大土豆。不管发生什么事，你每天必须找时间去完成它们。（顺便说一句，如果你不打算真正地去做到这些，那你最好还是把本书扔进废纸篓，这是你想要的销售成功、巨大财富以及你所想要的一切的秘密核心，是否想看取决于你。）对于任何从事销售的人来说，重要的事情都是尽可能多地与客户建立联系。因此，重要任务框里应该放入这些事项：给你从未打过电话的人打电话；给你很长时间没联系的老客户、现在的客户以及那些给你来过电话咨询业务的人拨打回访电话；与预约好的人进行面对面的交流。在这些活动的核

心时间，你必须全身心地投入这些事情，摒弃其他一切事宜。如果你像我一样也有拖延症，并且能在重要的“大土豆”中间放入“花生”、“豆子”以及“绵白糖”的话，那么这里有一些方法可以确保你能完成这些事。

- 事先不要想太多关于任务的事。
- 不要让不想做这件事成为你不做这件事的借口。
- 告诉自己到时候你会做出一个最终决定。
- 开始 10 分钟。
- 想象一下，如果你没有勇气去做，那么你在下午 5 点时会是什么感受。
- 想象一下，如果你真的做到了，那么你在下午 5 点时会有多开心。

那么，有多少陌生人的电话或者回访电话需要被放进你工作日中的重要任务框呢？作为适用于我所从事过的行业的通用规则，阅读本书的大多数人应该每天至少计划拨打 10 次电话或者每周至少拨打 50 次电话。

你们中的一些人可能现在就会告诉我，你们所从事的工作在某些情况下要求你们每天至少拨打 70 个电话，甚至更多。在某些专业电话销售办公室里，你的日常目标可能要拨打超过 100 个电话。但我经常询问众多不同商业文化背景下的销售人员真实拨打的销售电话数量，我拿到的数字通常是在每周 0 ~ 5 个。

我在上一段中建议的拨打销售电话的数量并不是你的目标，而是我们所有人拨打的“最低数量”。事实上，除非你非常擅长拨打陌生人的销售电话（因为你正在读本书，我相信你一定还有提升的空间），否则一天一个陌生人的销售电话不可能让你达成所愿。

最近我在伦敦参加了一个讲座，演讲者是世界领先的寿司连锁店之一的创始人。他告诉听众在他 10 年前刚创业的时候，为了寻求成功，他曾因为给房东和潜在的资金支持者拨打电话多次失败而饱受挫折。最后，他找到了一个神奇的方法，不同于试图让每个电话都成功，他把“每天得到 6 个拒绝电话”作为他的目标。通过这种焦点的改变，他的命运开始转变。他发现了一个普遍真理，也适用于我们需要从事的陌生人的电话销售工作。这个真理就是，不管你是多么糟糕的陌生人的电话销售技巧的运用者，如果你一直坚持，你就会发现并不是所有人都会说“不”。正如每一个成功者都发现，在通往梦想的路上，一定要听到更多的“不”而不是“是”。因此，如果你真的想成功，你就把自己每天重要的时间花在寻求更多的“不”上吧。

重要但不紧急任务（花生）是第二位优先处理的事。这里，放入你必须处理的所有销售事宜：参加内部会议（包括销售会议），写提案，给客户写邮件和信件，计划你的工作日志以及其他需要被处理但又不能占据你“核心销售时间”的所有事宜。对于大部分销售经理来说，这些任务应当在一天的开头或者结束时执行，而不是在一天的正中间。有些时候，这些任务甚至在周末被执行！很恐怖！但是，没有所谓的“真正成功的兼职人士”。因此，周末和晚上也很重要。在销售行业，我们靠我们的价值赚钱，而不是朝九晚五的工作！（谁让你说你想成功呢！）

紧急任务（豆子）是用来“灭火”以及处理的确会发生的危机事件的。但是，你需要控制你处理这些事件的可行性。如果你要为不想处理重要任务寻找借口，那就继续让紧急任务控制你。换句话说：无论何时电话响起就接；一直待在办公室里无所事事，直到你的经理正在寻找一位处理一项紧急任务的人时；主动申请处理一天中发生的任何工作问题，从修理坏的咖啡机到联系人维修堵塞的马桶；立刻放下手边的一切事宜，穿越整个城区去给客户送用户手册……我向你保证，我们所有人都可以轻易地用这些紧急任务填满一天的行程。正如 C. 诺斯科特·帕金森（C. Northcote Parkinson）在 20 世纪 50 年代的书中写道：“将工作分摊到为完成它可用的每一分钟上。”事实上，你不能在这一任务框中放入确定的事宜，但它们是一天（今天）当中的某些时间必须处理的事……因此为了控制它们，我们可以在一天中留出三次半个小时，如上午 9 点至 9 点 30 分、下午 1 点至 1 点 30 分以及下午5点至5点30分。在这些时间之外，自己发誓做到如下几点：不接任何电话；躲在某个地方，让所有人都看不见你，尤其是你的经理。你会惊讶于这么做可以为你节省很多时间。

最后，紧急但不重要任务框里充斥着能迅速把你的一天（坛子）填满的事情（绵白糖），不给其他事情（豆子、花生甚至大土豆）留任何空间。这个任务框内的事是最浪费时间的。我在一档电视游戏节目《家庭财产》中看到过这样一个问题："办公室里被偷走的重要事物是什么？"不是纸、笔、记事本或者订书机，而是私人电话！"我不会从家里给远在佛罗里达州的姐姐打电话……我会在公司打……因为那里是免费的！"

除此之外，有些电话内容无聊至极、没完没了。作为一个独立的销售培训师，我常常有机会默默地坐在销售办公室里一张空桌子旁，听一些毫无目的的电话交谈内容。他们永远不会简单、直接地对话……他们会把一些毫无内容的聊天持续半小时："我们周五去了一家新餐厅……我点了虾，约翰点了牛排，但他不是很喜欢那个调味汁……然后餐厅经理说……然后我说……然后他说……因此我们……然后我……然后他……那天晚上真是被毁了。然后周六……他去打壁球，但当他抵达之后……"一直持续不断……"我要去买杯咖啡，有人想要吗？""是吗？哦，对了，我跟你一起去吧，因为我要去邮局寄这封信……我会在安静的时候做些杂事。"我亲爱的电话销售同人们，在紧急但不重要的工作上浪费时间的结果就是，它会彻底毁灭你达成你梦想生活的机会。你想做什么就做什么，但是请记住，今天一去不复返。

为你的时间制订行动计划

因为没有适合所有人的时间管理工具，下面的这些建议可能有助于你找到适合自己的时间管理工具。

- 学会说“不”。
- 可能的话，委派任务。
- 不要让邮件或者文书工作累积起来。
- 问你自己：“我今天的目标是什么？”
- 把效率放在第一位。
- 把每一项工作分解成易处理的小块；不要拖延，因为它不可能一次完成。
- 找到你的时间浪费因素，尤其是那些紧急但不重要的任务……下决心刨除它们。
- 把处理紧急任务的准确的、限定的时间加入你的行程表中。
- 意识到你不可能一直让所有人满意，这样才能保持头脑清醒。
- 确保你理解帕累托法则中的真理。

帕累托法则

19 世纪末，一位名叫维弗雷多 · 帕累托（Vilfredo Pareto）的意大利经济学家发现 80% 的钱财和资产被 20% 的人占有。这一法则通常被称为“80/20 法则”或“帕累托法则”，似乎在很多事情上已经被验证：20% 的人发出了 80% 的抱怨；20% 的顶尖销售人员带来了 80% 的销售成果；我们 80% 的时间被用来处理 20% 的问题。

要想有效地管理你的时间，你需要找到并解决那些占据你大部分时间的事情。你需要知道它们是什么，你需要知道你所做的事情给你创造了多大的价值。对照帕累托的“80/20 法则”查看你的日常生活，看看会有什么发现。确保以后把时间花在有回报的事情上。

检　查

是你在管理时间还是时间在管理你？一个简单的“是”或“否”就能帮你决定。

- 我经常需要应对危机或者“灭火”。
- 我没有预留时间事先计划并分类优先次序。

- 当我“准时”下班时，我会因为还有工作没做完而感到愧疚。
- 我很难把时间花在家人或朋友身上。
- 即使在家中，我也很难不去想工作中发生的事情。
- 我经常发现自己被“繁忙的工作”或者琐事缠身。
- 我没有足够的时间去建立我的职业声誉。
- 我只希望能勉强度日。
- 我很难找到一个对我有效的时间管理系统。
- 通常，相同的问题或者人占据了我的大部分时间。

对于上面陈述的一两个赞同可能预示着时间管理有困难。现在就挤出一些时间来提前计划吧。

对你的时间负责

在一天的销售工作中不担心浪费时间无异于自欺欺人。大部分的销售人员喜欢自欺欺人，他们暗地里指望着赚快钱！但绝大多数成功的、富有的销售人员通往成功和财富的路都是通过一个小时又一个小时、一个星期又一个星期、一个月又一个月的辛勤工作铺就的。现在，我想让你快速地计算一下你自己的时间成本。

假设在4周带薪假期加上国家节假日之外，你每年工作47周。每天你从早上8点工作到下午6点，除去午餐、休息1个小时，你每天有 9 个小时的工作时间，这样一周就有 45 个小时的工作时间，或者说一年有 2 256 个小时的工作时间。

现在，写下你在接下来的 12 个月想赚多少钱。（在本书的下一部分，我将探讨为你自己设置具有挑战性的目标的重要性，从而确保你来年的财务目标既可实现又具有挑战性。）

我的年收入目标是（　　）美元。

用这个数字除以你一年的工作时间。

年收入目标（　　）美元 ÷ 2 256 小时 =（　　）美元 / 小时

每周收入目标 = 每小时收入 × 45 小时

但这并不是你计算的最终结果，因为毫无疑问，我们并没有每周、每小时、每分钟都在销售。如表 2–1 所示，有一些工作时间不可避免地要花在辅助事宜上——那些出现在紧急任务框和重要但不紧急任务框中的事情。因此，很有必要区分重要任务框中的其他活动和有说服力的活动。在这些活动中，有很大比例是陌生人的电话销售工作，这是你拿到报酬的真正原因。

回顾过去 5 个工作日，你真正花费了多少小时、多少分钟致力于得到客户的承诺？不要骗你自己，如果仅仅是对现有客户进行礼节性拜访则不算数。

接下来要做的就是，用你的每周收入目标除以真正的销售时间。

每周（　　）美元 ÷ 真正的销售时间 =（　　）美元 / 小时

这是你现在真正的销售率，如果你被这个数字吓了一跳，那么请不用担心。我们给大部分的销售人员计算每小时销售率时得出的结果通常为 1 000 美元 / 小时、3 000 美元 / 小时或者 5 000 美元 / 小时。那是脑外科医生或者顶尖律师才能拿到的薪酬。

这应该足以激励你不要再浪费重要任务框中分配给那些事件的每一分钟了。尤其是，就本书来说，每天至少花两个小时拨打陌生人的销售电话！那些极具说服力的时间每小时价值为 1 000 ~ 5 000 美元。不要被那些紧急的文书、邮件、会议、讨论以及其他日常事务迷惑，那全是一些花生、豆子和绵白糖！一切事务，包括花在说服上的时间都是营运开支。你必须尽可能多地准备好，但是准备的时间并不会产生金钱。陌生人的销售电话才是金钱增值的法宝，能让你得到你想要的东西。

让人听到而不是看到

本章最后的部分涉及你作为一个电话销售新手必须考虑并认真做到的一些事情。你要知道，仅仅“说一些笔记本上的话术”并不能算作真正的电话销售，也不能算作任何形式的口头交流。当你站在另一个人的面前时，你会不由自主地去交流。这一过程早在你把头脑里形成的话语说出口之前就已经开始了。当你和另外一个人能互相看到对方时，超过 55% 的感知来自双方的肢体语言。另一个非常重要的因素并不是你说了什么，而是你说话的语气。事实上，语气构成了另外一个人对你 35% 的感知。因此，肢体语言和语气在人类交流中占了惊人的 90%，只有 10% 是语言本身。

在电话拜访中，电话另一端的人并不能看见你，但他能听见你，你说话的方式结合你的语气比你的销售话术更能影响他。在打电话时，80% 的成功与否取决于你的语气。

另外，倾听电话另一端的人对你的反应比什么都更能体现出对方的想法以及他处理信息的方式。这种特殊的技巧会随着你的电话销售经验的积累而形成，但是我们还是要花一些时间来探讨一下这些泄露信息的特殊习惯，我们将会在本章结束前探讨这一话题。

你怎么表达你要表达的内容

最重要的是，你必须保持你的声音是“对话式”的。这听起来很简单，但是如果你借助笔记本或者照本宣科，那么这可能会极其困难。尤其是，如果你在一张纸上写好你要说的每句话，而你又不是特别有经验，那么你可能会发现你在每一句话的结尾部分都有稳定的降调趋势。

这样做的效果就是，当你在阅读每一行的时候，你的声调都会下降并且以感叹号结束。这不是我们与人聊天的方式，但这通常会发生在我们阅读时。这在让你更换燃气供应商的那些陌生人的销售电话拨打者身上体现得特别明显。这类交流带给我们的客观感受是我们很讨厌这一类销售电话的一大原因。

另外一个常见的话语错误是倾向于用问另一个问题的方式来陈述或回答问题，这意味着不确定和缺乏信心。比如，如果一个客户接到电话说："你好，我能为你做什么？"你经常会听到销售人员回答："我是吉姆·布洛格斯？呃……我这里有来自西部设备？……我们制造的装置能够保证把轴承磨损减少一半？"

那些没有必要的、内在的、隐含的问题会让听者感到厌烦。如果一个司号员发出的是不确定的声音，那么没有人会跟着他去战斗。你的声音必须能够激发信心，即使你自己并没有信心。如果你感觉不到信心，你就假装你好像能感觉到。几年前，我参加过一个飞行课程，我的教练在教我无线通信时给了我同样的指令。他告诉我不管出于什么样的情形，都要在广播中保持声音的自信。他说，即使他迷路了，他也永远不会在无线电中说"我迷路了"，因为那会让他（说话人）以及其他的飞行员因听到他的广播而加倍紧张。相反，他告诉我要用我所能聚集的最具信心的声音说："我暂时不确定自己的位置。"然后，其他人才能高兴地与我合作。从那以后，我确实有过几次"暂时不确定"的经历，但我发现当你"假装自信"时，其他人会在表面上接受你的自信，而不管你真正的内心感受是什么样的。

在别人看不见你的时候，最具说服力的就是谈话时的说话方式。你说的话应当尽量避免一字一句地往外蹦。提醒你接下来要说什么的最佳方式就是，在电话旁边准备一张重点提要。在准备阶段写一个手稿并与你的朋友或同事练习，以确保这是没问题的。但当你拿起电话和一个真实的潜在客户沟通时，尽量不要照着念。另外，你应该在电话后面的墙上贴一个大的标签，上面写着：

站起来！

微笑！

放慢语速！

大声说话！

一是站起来，因为站立（甚至在你拨打电话时来回走动）会让你感觉并且听起来更加自信。二是微笑，因为（让人吃惊的是）你能在电话中听出微笑。三是放慢语速，因为 80% 的电话销售人员的语速太快以至客户听不清楚。四是大声说话，因为当其与放慢语速相结合时，语调会比大部分人正常的声音要重得多，这会被认为是具有力量和权威的，这是所有组合中最具说服力的。（要让这个变得更简单，只需要在说话时一只脚用力地踩在地板上。你会发现，你的语速降下来了并且说话更加有力！）

如何通过声音分析对方

随着你拨打陌生人的销售电话经验的积累，你会开始注意到，因为性格的不同，和你说话的人有着不同的处理信息以及回应你的方式。我现在已经明白，人类有 3 种不同的信息处理方式。我们都会不同程度地运用到这 3 种方式，但是根据我们大脑的工作原理，我们每个人都会有一种主导方式。从我的经验来看，我们处理信息的方式包括视觉、听觉和触觉。

与视觉类型人的对话

当一个视觉类型的人与我对话时，他会使用这样的字眼："你明白我的意思吗？""从它的外观来看……"因此，我会回答道："是的，我能想象那样的画面。"因为潜在客户是从一个视觉的角度来处理信息，我就会下意识地使用同样的措辞来回答。

与听觉类型的人对话

接听我电话的人可能会说，"我知道这听起来好像是我在抱怨"，或者"是的，那听起来很熟悉"。我意识到我在和一个围绕"听觉"建立思维过程的人说话。因此，我会用同样类型的语言："那么你是想制造一个大的爆炸性新闻？"

与触觉类型的人对话

一位客户说："这是我们公司特别艰难的一个阶段，我们遇到了一堵坚实的墙。"所以，我会回答："如果我们能顺畅地解决这些问题，那么您能考虑把我们的下一次谈话安排进您的行程吗？"因为他的处理机制是围绕"触觉"建立的。

我最近听到了一段电话销售人员与客户之间糟糕的对话。在这段对话中，双方各自使用了不同的处理机制，结果沟通彻底失败。为了回应客户说的"不，目前前景非常暗淡"，销售人员回答道："我想你只能坐下来，敷一块冷毛巾，然后想一想解决方案。"电话另一端的客户回应道："什么？那也太可怕了吧，看起来一定愚蠢至极，不是吗？"销售人员用的是触觉机制而潜在客户很明显是一个视觉型的人。这通电话很快以毫无结果告终。

一点点的仔细倾听加上适当打磨过的回应会让你在拨打陌生人的销售电话时无往而不利。建立下意识的联系最简单的方法就是进入你潜在客户的大脑，并从他的视角来看世界。通过使用和你的潜在客户同样的说话方式，使用同样的措辞，你会在对方心里自动地、无意识地建立信任。如果你想让你的潜在客户在你这里消费，信任就不可或缺。简而言之，我们喜欢那些和我们相似的人。

还有最后一件事你需要知道，那就是你在拨打陌生人的销售电话时可能会碰到的不同性格类型。大致来说，有 4 种不同的性格类型，我把它们称为"驱动型"、"表达型"、"友善型"以及"分析型”。一旦你估量好了说话对象的性格类型，你就能很准确地预测出要得到一个最终答复所必须投入的时间和精力。

驱动型

这一类型的人常常具有很强的身体素质，有些时候还会表现出欺凌或者令人畏惧的性格。这类人多见于成功的大型机构上层，通常是总监或者首席执行官。时下最容易见到他们的地方就是那些商业真人秀节目。在这类节目中，企业家执行一些艰巨的任务，要么晋级，要么被这些看起来不幽默的严厉家伙残忍地淘汰出局。他们最大的优点是，他们能快速决定并且不怕花钱。

表达型

表达型则更像是仁慈的驱动型。他们更爱笑，没那么残忍，但是他们同样专注于获取成功和保持领先。他们在做一些艰难的决定时会非常冷酷，但是会相对仁慈地对待受害者。他们最大的优点是，他们也能快速决定且不怕花钱，尽管他们可能会花稍微多一点的时间来做决定。

友善型

这一类型常见于机构中级别较低的员工中。他们很容易被找到并且易于沟通，正如他们的类型“友善型”所暗示的那样，他们非常“和蔼”。找到他们的容易程度加上他们易于接近，使他们很受销售人员欢迎。大部分销售人员的客户名单和联系表都布满了这些人的名字。只是有一个问题，他们大多没有权力来做你想要的消费决定。当然，他们也有权力，但他们只有拒绝的权力。假如你和一个友善型的人相处，你可能很难快速地取得进展。

分析型

许多中层管理者、会计师、工程师、技术人员以及那些从事更多脑力劳动的人，都属于这一类。他们喜欢仔细思考碰到的问题，他们享受解决问题的过程甚于解决方案本身。出于某些原因，他们通常不喜欢打电话，并且要花很长时间做决定。一旦他们获得了他们需要的最初信息，他们就会寻找信息背后的细节，然后是细节背后的细节……即使他们获得了足够的、细致的信息，他们也很少能够自己做决定，他们必须报告给一个级别更高的人。给“分析型”的人拨打销售电话并不是什么美差，这将是一段艰难的旅程。

从表 2-2 中可以看出，作为一个陌生电话销售人员，如果你想寻求快速的决定，那么你应该把目标锁定在“驱动型”和“表达型”两类人上。如果你把目标定在机构的低层，那么你会发现你需要一遍又一遍地拨打电话才能获得与高层只进行一两次通话就会产生的结果。

表 2–2　4 种性格类型

驱动型 ■ 冷酷、欺凌、给人压迫感，常常占据机构中顶端的位置。有些时候，不管男女，都会被称为“MAN”，因为他们具备优质潜在客户的必备特征：钱（Money）、权威（Authority）、需求（Need） ■ 不总是很好接触，但应当是陌生电话销售人员的首选目标。他们通过和你的 1 ~ 2 次接触就会做购买决定 ■ 占所有联系人的 15%	**表达型** ■ 和蔼、幽默、易于接洽，常常占据管理层的较上层位置或者是非常成功的企业家。同样具有金钱支配权，有权消费，同时对你的产品或服务有需求 ■ 通常比较好接触，也应当是陌生电话销售人员的首选目标。他们也能快速地做出购买决定，但是可能会和你接触 2 ~ 3 次 ■ 占所有联系人的 15%
友善型 ■ 非常友好、易于相处也易于接近，通常并不是很有影响力。大部分的销售人员会从这个层级的人群开始，仅仅是因为“容易” ■ 大麻烦就是“老好人”热衷于谈论天底下一切事情，但除了说“不”，通常不具备独立做决定的能力。通常要经过 3 ~ 5 次联系才能得到他们不置可否的决定 ■ 占所有联系人的 35%	**分析型** ■ 不太喜欢打电话。性格范畴包括那些愤愤不平的人到那些相对能够接近的人。相对于人，他们通常更喜欢事物和创意 ■ 很少能够做最终决定，即使能也常常拖延。因为害怕做错误的决定，他们通常避免做决定。大致需要经过 5 ~ 6 次联系或者更多联系才能得到他们的一个决定 ■ 占所有联系人的 35%

第三章

态　度

我们必须相信运气，不然我们该如何解释我们不喜欢的那些人的成功?

——让·谷克多（Jean Cocteau），法国剧作家

我想请你想象一下这样一个场景：你的老板（如果你为一家公司工作）或者一个慈善家（如果你为自己工作）向你提出一个建议，你可以带薪休假一整年，你的职位将会保留到你回归，前提是你在休假的这一年要去做一些慈善工作，比如，去海外协助一个救灾项目，或者为非洲偏远社区安装自来水供应设施，抑或与同城的救世军一起工作。

其中一条规定是，你必须先为被招聘来接替你的人写一份职位描述。因此，我想请你现在就在下面的方框中写下来，尽可能多地写出你能想到的能力，这样才能描绘出招聘来接替你的人的全面性格。在你完成这一任务前请不要翻页。以下是一些帮助你开始的描述性词语：产品知识、幽默感、擅长与数字打交道、敏锐、执着、坚韧、不是混时间的人、销售技巧、创造性、积极的态度、行动派而不是拖延派、写作技巧、语言技巧、问题解决者、良好的电话礼仪、渴望成为最好的自己、毅力、做一个英雄而不是受害者、市场知识、与他人和谐相处……持续写下去，直到你把你所需要的全部特性都写进去。

现在我想请你看一看你写在方框内的所有词语，然后在每一个关于“技巧”（Skill）的词语旁边标记一个 S，在关于“态度”（Attitude）的词语旁边标记一个 A，在关于“知识”（Knowledge）的词语旁边标记一个 K。

你在列表中注意到什么了吗？你有没有发现你对 A 严重偏爱，而不是偏爱你可能会期待的 K 或者 S？这不是巧合，也不是随着人群、文化或者团体的变化而变化的结果。

态　度

我活得越久，我就越能体会到态度对生活的影响。

态度比事实重要，比过去、教育、金钱、环境、失败、成功或者人们的所作所为更重要，比相貌、天赋或者技巧也更重要。态度主宰着一个公司或者家庭的成败。值得注意的是，我们有能力选择以何种态度度过一天。我们不能改变过去……我们不能改变人们按照独特方式行事的事实。

我们不能改变无法避免的事。我们唯一能做的就是弹奏好我们自己的那根弦，那就是我们的态度……我坚信生活是 10% 发生在我身上的事和 90% 我对这些事的反应。你也是如此……我们能够主宰我们的态度。

——查尔斯・斯温多尔（Charles Swindoll）

想取得生活的成功，先解决你的态度问题

无论职业、性别、身高、魅力、天资、技巧以及知识如何，归根结底，决定人生成败的最重要因素只有一个，那就是态度。它适用于任何事情，当然也适用于销售，或者本书中的陌生人的电话销售。

作为一个有长期从业经验的职业销售人员，我知道这是真的。我看见过很多销售界的成功人士在产品知识考核中长期被评为“糟糕”，在运用传统销售技巧时“一无是处”。但是，他们每年的销售业绩不是达成目标就是远超目标。几年前，我在一个电视纪录片中也饶有兴致地发现“态度”很重要。

“你足够坚强吗？”

有一档播出了数周的关于一群普通民众想知道他们是否能够参加特种空军部队（SAS）的节目。大部分人都知道，空军特种部队是训练精良的英国突袭部队。他们 4 人一组，行动于敌后——通常是极其危险的境地。他们必须能够在潮湿的灌木丛林中穿行数日，脚上布满血泡（“别担心，小伙子，只是疼而已！”）；或者穿越无尽的沙漠，仅携带维生的基本口粮。每个人都携带差不多与自身体重相等的装备。

大约有 2 000 人参加了最初的实验行军——步行以及跑步穿越布雷肯山。在这一早期阶段之后，只剩下大约 20 位男性和女性。这些人连同一位前特种空军部队教官一起被飞机运送到马来西亚丛林。这位教官是一位矮小、结实的苏格兰士兵，他是这群人的导师和审查员。在几周的时间里，每一个阶段都有人被他以及他的后勤团队（一位军医以及一位军队心理医生）淘汰。

每一个任务都会远比前一个任务更加折磨人。当他们在丛林中穿行时，有些任务包括让人毛骨悚然的运动量和极度的疲劳。他们会进行徒手搏斗，会被剥夺睡眠，还会进行游泳或者全副武装地行军，他们在被“敌军”抓获之后还要面对令人恐惧的真实审问。到最后只剩下 4 个人：3 个男人和 1 个女人。这些都在一个由 4 位现役军人组成的特种空军部队小组监督下进行。4 位空军特种部队军人脸部都打了马赛克，以防止被认出。随后，他们被要求做一项任务：“你们见证了过去几周所有这些人的行动，现在需要你们选出这个项目的总冠军。这个人应当是那个你们愿意选作特种空军部队 4 人侦察组的一员。”

他们毫不犹豫地一致选了那个女人。她并不是 4 个人中最强大的，也不是受教育程度最高的，甚至没有在所有训练中表现最佳，但是她拥有他们认为在生死攸关的紧急关头最重要的品质。

他们说：“她拥有正确的态度。”

“这就是我们选择的生活”

那么，这些跟普通销售以及陌生人的电话销售到底有什么关系呢？当我们把东西卖给别人时，我们极少会处于威胁生命安全的境地。不过，我们必须忍受无穷无尽的拒绝、毫无征兆的取消订单以及粗鲁的态度。所有行业的销售人员能够得到丰厚的奖励，并不仅是因为他们做成了生意，更是因为他们在交易过程中会不可避免地遭到拒绝，他们拥有正确的态度。

大型以销售为主的机构都会做定期的调查和研究来寻找它们需要在求职者身上找到的品质。成功销售人员的品质构成饼状图如图 3-1 所示。

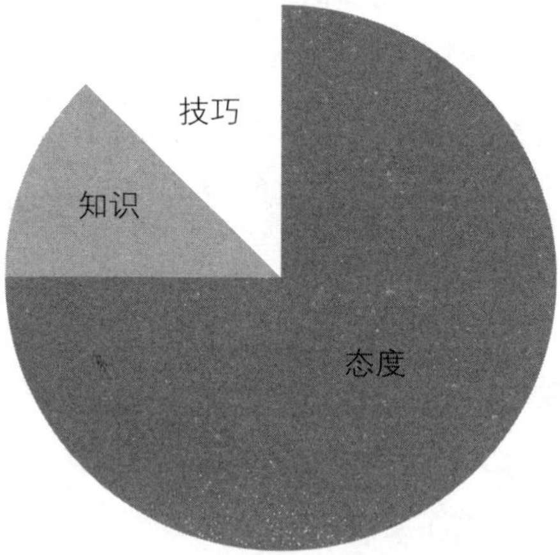

图 3-1　成功销售人员的品质构成

你要拿你的态度怎么办

假设你仍然想在销售方面取得成功，特别是在陌生人的电话销售方面。要是那样的话，我有个好消息要告诉你，那就是你能做到。

即使你之前从未销售过任何东西，你仅仅知道自己想成功就足以开始了。很多人，包括我的一些成年朋友，都不确定他们想从生活中得到什么。最近，我问过其中一个朋友（他像我一样，50 多岁，但并不是销售从业者）是否想成功。他说："现在太晚了。"然后，我就问他是否有过要成功的念头。他说："并没有……我只想开开心心地生活。"然后，我又问他，在中年时期，他是否认为生活令人失望。他回答道："生活确实很令人失望。"

你可能会感到震惊，因为并不是所有人都像你一样渴望成功。有些人满足于现状（或者我们认为他们满足于现状），他们只需要勉强度日。事实上，在他们年轻时，他们奢望一切自然"发生"，结果却发现他们一直在等一辆永远不会来的公交车。

一个智力障碍者走进银行，

神态自若地说道：

“麻烦帮我取 1 000 英镑，要 20 英镑面额的纸币，谢谢。”

银行职员回答道：“哦，这个，这个，这个！

如果我笑了，那么请原谅我的鲁莽。

你不能从银行取走任何东西，

因为你从未存入过任何东西。”

——无名者

这很像电影《单身公寓》（*The Odu Couple*）里费利克斯（Felix）和奥斯卡（Oscar）之间的对话。奥斯卡很晚才回家吃晚饭，他向费利克斯要一些肉汁。费利克斯问道：“晚上 8 点你要我去哪里弄肉汁？”奥斯卡回答道：“我不知道，我以为煮肉的时候就会有肉汁。”这使得满腔怒火的费利克斯爆发了：“煮肉的时候？……你还不知道你到底在说什么吧。因为肉汁要单独调，它不会自己出现！”

大多数人都生活在平静的绝望中。

——亨利·梭罗（Henry Thoreau）

现实是，大部分人只是太懒，而且太害怕让自己想要发生的事情“发生”。但是，作为一个彻头彻尾的懒人（更不要提作为一个陌生销售电话新人），我必须告诉你，厘清有力的销售态度并不要求太多的努力和勇气。如果你也想要同样的东西，我现在就告诉你我是怎么做的，我会列出你要做的全部事项。

态度规则 1：关于目标，最重要的就是要有目标

我在兰克施乐公司工作 3 个月后，布鲁斯拿出了我最初的评估报告。进行到一半的时候，他停下来问道：“告诉我你为什么决定做这份工作？”我回答道：“这样我就可以赚一些钱，买漂亮的房子、高档的车……”“这就是你的问题所在，”他说道，“你和世上很多人一样，他们通过下定决心去做一些不同的事，迈出了前往梦想生活的第一步。然后，他们（大部分人）通过决定远离每个告诉他们所有不可能成功原因的人，迈出了第二步。但是，这对于令人激动的成功来说，仍然太过模糊。你现在需要真正地启动你要赢的态度。我能向你展示如何做到这一点的最佳方式就是让你和我一起做一个小小的即兴角色扮演。假设你是航空公司票务台上的职员，我是一名乘客，好吗？”我同意了，这就是接下

来发生的故事：

乘客（布鲁斯）：我想买一张票，谢谢。

工作人员（我）：没问题，先生……去哪儿呢？

乘客：你知道的。

工作人员：不好意思，先生，您能更具体些吗？

乘客：你知道的！！……去一个阳光灿烂的地方……然后我会拥有美好的一天……听着，你能快点吗？我时间不多了！！

工作人员：真的很抱歉，先生，但是……

乘客：听着，我想去一个漂亮的地方，一个有我喜欢的人和能适应的文化的地方……对了，我还想要我喜欢的那种住宿方式。……请给我一张那样的机票，不然我会错过航班的！

这就是布鲁斯一个小小的角色扮演带来的大问题：为什么工作人员不能卖一张票给这位乘客呢？

答案非常明显，这位乘客不知道自己要去哪里。这就是大部分人生活中的问题，他们哪里都没有去是因为他们不知道自己想去哪里。

正如那个想要去“某个漂亮的地方”的乘客一样，想要高档汽车、大房子或很多钱，这些可能正是激励你去自己真正想去的地方的原因。

我希望你正在做的这件叫作“销售”的事是为了让自己过上自己想要的生活。这是因为生活正在等着你详细地告诉它你想要的到底是什么，否则你所期待的最多也就是一段神秘之旅。

当时，布鲁斯告诉我，我必须在脑海里有一个明确的目标。为了培养正确的销售态度，我刚刚申请了第一笔抵押贷款。（公司非常青睐有大额度抵押贷款的销售人员，因为这意味着员工必须拼命工作去还贷。）因此，我定的目标就是能够偿还贷款，这就要求我必须完成公司设定的月度最低销售目标。我设定并完成了目标。“目标设定”活动已经向我证明了它很有效，目标是清晰和可度量的。我得到了我想要的，但我当时并没有意识到我距达成更多生活目标有多近。事实上，我已经非常接近一种方法，几乎可以说是一个方程式，通过将这个方法稍加扩展，我得到了生活中我想要的一切。这一发现又花费了我 9 年时间，具体情况如下。

懒人致富之路

在兰克施乐公司工作了几年之后，我决定开启我在伦敦金融市场作为交易员的新职业生涯。那是很棒的经历，我也很喜欢那段经历，但是跟本书并没有太大的关系。在这个领域摸索了 5 年之后，一家为金融市场提供电子信息服务的公司——路透社向我伸出了橄榄枝。路透社给我提供了一个销售主管的岗位，我负责销售公司的产品。当时是 20 世纪 70 年代末，正好处于电子信息革命的前沿。那是个令人兴奋的机会，但是我已经 5 年没有从事一线销售工作了，我想我应该试着“重新激发动力”。为了做到这一点，我向一个非常成功的销售老友询问了他取得长期成功所遵循的方法。他盯着我看了很久，然后告诉我如果我保证不笑，他就告诉我他的做法。我答应了，下面就是他分享的内容。

■ **你想拥有的一切。**

他把这种方法称为“懒人致富之路”。他告诉我任何人都能做到。这种方法极其简单，却出奇地有效。但大部分人认为这种方法很荒谬，因此即使当他们听说过这种方法也不会有任何行动。我现在非常喜欢这种方法，并且在下文为你列出了它的重点。是否以及如何在你的生活中运用这种方法取决于你。听我介绍过这种方法并在之后就坚持运用下去的每个人都取得了和我一样的成就——真的非常惊人！这种方法的核心我已经很熟悉了，是我在兰克施乐公司时跟布鲁斯·坎特学来的：生活中拥有一个或者若干个明确目标很重要。但是，这种方法上升到了一个全新的层面。对我来说，这改变了我的生活。

■ **写下来……**

这不仅仅是设定一个单一的目标。关于“懒人”方法的第一个要义就是把你生活中的目标都在纸上写下来。（顺便提一句，你是否相信这个方法并不重要。我能证明每个真正这么做了的人都收到了成效。）很明显，把你对生活的期待写下来有着强大的心理力量。我的朋友告诉我，这应该是依据20世纪50年代美国一所大学进行的一项实验得来的结果。在那个实验中，一个班的一半学生被要求写下他们离开大学10年之后的抱负，另一半学生则没被要求。10年之后，研究者联系了第一组的学生，发现四分之三的人已经实现了他们的目标，在许多情况下甚至远超目标；而在另一半没写下目标的学生中，只有不到四分之一的人实现了目标。

因此，回到你身上，在通往生活中你想要的一切的道路上，你的第一步就是在正确态度的支撑下，花一些时间来思考你到底想要什么。一旦你想明白了，在一张纸上把每一个目标写下来。这非常重要，不要坐在那儿“想着”目标会自然实现，你必须把它写下来。

■ **不仅仅是物质的……**

花一些时间来思考并把你想要的物质生活和精神生活写下来，不要给它们设置什么限制。如果某个人能够拥有你想得到的东西，那么你也能拥有，相信我。因此，在这个阶段不要给你想要的生活设置任何限制，只管把它们都写下来，一项一项进行。

■ **请不要太荒谬……**

设定目标的时候不要太盲目，不要想着你能通过这个理念打破物理规律。因此，不要设定这样的目标，比如想着你能站在离你最近的高楼上，拍打你的双臂跳下，然后就能飞翔。如果你这么做，那么你将必死无疑！同理，设定你将成为皇室成员的目标也是没用的，因为对我们来说，那是不可能的！又或者，作为一个 40 岁的人（如果你是），你将能够跑出每英里[*]4 分钟的成绩！请确保你的目标具有可行性同时又具有挑战性。我认识的大部分人会设定较小的目标：拥有一栋具有多间卧室的稍大一些的房子，拥有一辆二手保时捷，账户余额增加 30%。这些目标还不够好，我亲爱的电话销售新手，你需要一些真正的大目标。

不要担心这些大目标会如何在你的生命中实现，把这份担忧留给我吧，你只管把它们写下来（就像我在若干年前一样，满腹疑虑。在这一章的结尾，我将会分享一些我最初的目标，并且告诉你到底发生了什么）。只要确保那些是人类可以做到的目标即可，然后静候佳音。

- **只要加入细节。**

当你列好了清单，你可以坐到一旁仔细思考你的每一个目标，并加入很多细节。比如，如果你的目标之一是一栋房子，就写下房子确切的大小，房子是什么风格的（现代的还是复古的），花园有多大，以及前门是什么颜色。你需要你所能想到的全部细节。

如果你的另一个目标是买一辆车，那么你不仅要确定车的型

* 1 英里≈ 1.61 千米。——编者注

号，还要确定车的颜色以及所有其他你想要的，比如真皮座椅、敞篷、GPS（全球定位系统）等。如果你的目标是钱，那么你到底想要多少钱。“很多”并不够细致，你需要确定一个确切的数目。目标也不一定只能是物质上的。比如，你想在 10 年内退休，这样你就有时间打理一家慈善机构，或者居住在某个社区。把你自己能想到的这个角色所做的事准确地写下来，你会在哪里，你将做什么。

- **就像目标已经发生一样，重新记录下来，然后设定完成的日期。**

接下来，你需要做的就是，仔细检查每一个目标，然后就像它们已经发生了一样，重新把它们记录下来并设定一个完成日期。因此，不要写“我想要一辆银色宾利欧陆轿车，要配备乳白色真皮座椅、褐红色的排气管、GPS、后座娱乐系统以及20英寸*的铬合金车轮”，而是写“现在是 20×× 年 1 月 1 日，我刚刚拿到了我的新车宾利欧陆，它有着银色车身、乳白色真皮座椅、褐红色排气管、全天候 GPS 外加后座娱乐系统”。每一个目标都按这个方式具体地写下来，在每一个目标前都加上完成的日期。

- **每天至少重复一次。**

所有这些你都做好了吗？……很好，但是仅仅写下你的目标

* 1 英寸 = 2.54 厘米。——编者注

并不算完。下一步非常简单，但是要求你每天执行。每天早上，你起床后，把你带有目标的纸从你的钱包或者手提袋里拿出来，阅读每一个目标并将其读给自己听。

不要只是在心里默念，你需要动嘴，如果可以的话，那就大声地读出来。在你完成这一步并准备进入第二个目标之前，闭上你的眼睛，在脑海中想象一下目标中的场景。看到并感受它，感受那种情绪，并将其真正融入你的思想。

所有这些都是基于一个非常合理的心理学原理，即你的潜意识心理并不能区分现实和想象。如果你不相信我，那就试试下面这个简单的测试。想象一下，你用一只手的两个指尖拿着半个新鲜的柠檬，保持这个柠檬正面朝上。现在挤压一下，然后看着想象中的柠檬汁从柠檬瓤中沁出来，感受冰凉的柠檬汁顺着你的手指往下流。再挤压一下，你会看到柠檬汁在柠檬周边形成的薄雾，在空气中闻一闻。再用力挤压一下，同时把拿着柠檬的手放到嘴边并伸出你的舌头。当你的手指把柠檬放到你的舌头上时，你的嘴里会发生什么？……别告诉我……嘴巴里产生了更多的唾液，你的口腔变得湿润，仿佛真的有个柠檬在嘴里。正如爱因斯坦所言："当想象和现实冲突时，你的想象总会获胜。想象远比现实重要。"

每天阅读和想象这个目标（如果可以，早上一次，晚上一次），在你的脑海中描绘一幅场景。就像时下顶尖运动爱好者和运动员运用的运动心理学，依据的是类似的想象技巧，你也在利用完全相同的神秘力量。你的大脑开始相信，不管你喜欢与否，你已经能够在生活中经历同样的场景。这就好像在你的大脑中设置了一种潜意识的雷达，因此在你处理日常事务时，你的大脑都在不断地、无意识地致力于把你的目标转化成现实。

- **终于有不能做的事了。**

如果你想采纳同样的“懒人”方法，那么我有最后一句提醒的话想告诉你：“如果你认为人们会嘲笑你，你就不要告诉任何人你在这样做！”嘲笑和讥讽是成功的最大敌人。作为一个销售新手，你很容易受到嘲笑和讥讽的影响，你会怀疑那些表面看起来太过容易获取成功的机会。但是，用我刚刚描述的方式进行目标设定和持久的视觉化练习是极其有效的。只有那些没那么成功的人才会嘲笑，现实生活中真正的成功人士根本不会嘲笑。

让我重复一遍……

为了确定你的态度，设定目标非常重要。这并不难，事实上，这是一个非常简单的过程，但不要让这种简单迷惑了你。最重要的是，不要告诉任何可能会嘲笑这个方法太过简单的人你在做这件事情。他们的嘲笑声可能会让你放弃。这个方法是有效的……不要在意那些讥讽。事实上，只有那些自身不是特别成功的人才会告诉你这个方法无效。

- **如果你仍然有疑虑……那么我的 1979 年目标清单是怎么回事?**

我之前说过我会分享我在 1979 年写下的第一张目标清单的执行结果。当我写下第一张目标清单时，我总共写下了 17 个目标。

我已经完成了之前为你介绍的全部步骤，而且我每天都坚持这么做。岁月流逝，生活的脚步也在不断前进。事实上，当我再次看到那张清单时，时间已经过去了 20 年。

那是 1997 年，我在旧金山机场的赫兹汽车租赁办公室。当时，我在美国负责路透社的一个培训部门，我答应从美国东海岸飞去做一个关于演讲技巧的培训。也就是说，当我到达机场的时候，我是满载着相机、三脚架、话筒以及从事这份工作所需的其他设备，因此我决定租用一辆汽车来运载。

当我站在租车服务台前填表的时候，服务台职员全程看着然后说："我能看看你的驾驶执照吗？"我把手伸进我的夹克口袋，拿出了我老旧的钱包翻找我的驾照。当我找到之后，我把驾照拿出来递给了那个职员。就在我把驾照拿出来的时候，一张折了角的纸被带了出来，掉在了地板上——那就是我的第一张目标清单。我站在那儿怀念地读着，无比震惊!

在我写本书时有一件不可思议的事情发生在我身上

因为我本身也运用这种方法，所以我把在某个中东城市开启我的部分业务作为近期目标写了下来。我之前从未在那个城市工作过，也没有和任何人提过这个计划。有趣的是，在写下这个计划后的 24 小时之内，我突然接到了来自那个城市的一名潜在客户的电话，他想要一份培训项目的提案。3 天之后，我又收到了另外一个毫无关联的请求，那个城市的一所大学希望我在同样的时间为一个电子商务营销会议做一个付费演讲。同一天晚上，在我乘坐出租车去伦敦希思罗机场赶赴下一个任务的途中，我正在电话中和我的同事聊这些事情。当我挂掉电话的时候，出租车司机对我说："我忍不住偷听了你的电话。我来自那个城市，而且我的表哥是我们国家的一位高级外交官。我知道他肯定愿意给你一些关于我们国家文化和习俗的内部信息，并提供你所需的一切资料，以便你扩展业务。我们非常希望获得你提供的类似技巧。"

关键是，这种巧合并非偶然。当你开始运用这种方法的时候，你就会发现你的生活中会充满各种巧合。不要问为什么，只管去做！

当我读完这份目标清单的时候，我发现在之后的 10 年里，我已经实现了其中的每一个目标。我将以其中的一个目标为例与你分享。

1979年，我写下了如下目标（就像它们已经实现了一样）：“现在是1987年4月，我刚刚在伦敦边上买下了一栋价值25万英镑的拥有5个卧室的大户型房子。这栋房子配有一个大车库，还有一个被蒸汽火车铁轨围绕的、宽敞的、绿树成荫的花园。”

那时候我无法想象这样一个目标或者其中任何一个目标（包括学习飞行，在伦敦邦德街买下一套公寓，以及建立我现在的业务）将如何在我的生命中实现，但条件就是我应当无限制地把它们写下来，于是我就这样做了。

今天，我就住在我多年前描述的、想象的、反复告诉自己的房子里……并且这辆蒸汽火车棒极了！这套目标设定的理论似乎蛮有用的。当你清晰、具体地说出你想要的东西的时候，在你生活中出现的“巧合”将会是非凡的。就像某位智者曾经说过：“小心祈愿，因为它很有可能就会实现！”

我应该再为你多提供一点证据。当我站在旧金山的赫兹汽车租赁办公室里的时候，我决定再一次试验被我遗忘多时的方法。我从我的口袋中拿出我刚从东海岸乘坐的机票存根，并在它的背面写下：“今天是1997年9月1日（3个月后），5 000美元从一个来源不明的账户汇到了我的银行账户。”在接下来几个星期，我至少每天一次地从我的钱包中拿出那张机票存根，默念写在上面的目标，在脑海里想象那些钱的画面。我每天先花几秒钟的时间想象我银行账户里有那笔存款再开始我一天的工作。接下来发生的事情再一次让人印象深刻。

在我写下新目标后5周左右，我因公差需要从纽约飞往芝加哥。当我在飞机上就座时，坐在我旁边的乘客对我说："早上好。"当我回应他的时候，他从我的口音中听出来我不是美国人。正如美国人听到英国口音的时候经常问的，他问我是不是澳大利亚人。见我愿意聊天，他便继续问我的姓名和工作。当我告诉他我负责为一个大型跨国公司培训销售技巧时，他变得十分感兴趣。"我们需要在业务上更加精进，"他说道，"我是芝加哥一家律师事务所的资深合伙人……您愿意为我们开设一个销售培训班吗？"我告诉他我是一个全职雇员，无法挤出时间。"那利用周末时间可以吗？"他说，"我们可以出资让您周五晚上飞去芝加哥，周日晚上再飞回来！其他费用另算。那么，请问您的培训费是多少？""5 000美元。"我回复道。"成交！"他握着我的手答道。3个星期后我做完了那个周末培训。

那么，这一切到底是从哪来的呢？为何我就坐到了那趟航班的那位男士旁边呢？是什么促使我说出了5 000美元呢？我无法告诉你这个目标设定技巧背后的原理。当然，我并不是说我每次设定的目标都会实现。绝大多数时间（在我的经验中，大约80%的时间——记住帕累托原则），我设立的目标都真的以非凡的方式实现了。我仍然经常这么做。你也应该这么做，只是不要告诉任何人！

本书太奇怪？我愿意一试

英国电视节目主持人诺埃尔·埃德蒙兹（Noel Edmonds）已经将近10年都没有上过电视节目了，并且经历了很多困境。之后在2005年，他开始使用我在这一章介绍过的几乎同样的方法。在2006年春季的媒体采访中，他将这一方法称作“宇宙秩序”。

他说，2005年，他写下了6件他想要得到的东西，其中包括重回电视界并且在法国拥有一套非常有特色的房子。几个月之后，他出乎意料地被邀请主持一个全新的电视节目《一掷千金》（这个节目之后还获得了一系列奖项的提名），并且在法国拥有了他梦寐以求的房子，同时实现了另外两个“私人”愿望。

从我个人来讲，我并不在乎他如何称呼这个方法，我只看结果。在我看来，他的基本理念和我的理念是一样的。那么，你有什么可损失的呢？如果它有效，你就不要放弃。

态度规则2：永远不要低估坚持的力量

我亲爱的电话销售新手，接下来我将和你分享另外一个不为人知的小秘密：你的大部分竞争对手就像我的大部分竞争对手一样，太容易放弃了。他们只会拨打最少量的销售电话。然而，全世界的成功人士都认为，“坚持”是成功人士区分于普通人的一个持久因素。

第二次世界大战时期的英国首相温斯顿·丘吉尔（Winston Churchill）强调，为了胜利，必须“永不放弃”。电灯泡的发明者托马斯·爱迪生在发明成功之前经历了超过千次失败的实验。有人曾经问爱迪生，他是否会因为不断失败而气馁。他回答说，他从来没有，因为在他看来，他只是了解了 1 000 种无法制成电灯泡的方法。

麦当劳的创立者雷·克罗克（Ray Kroc）在自己办公室的墙上挂了一个巨大的标识来强调坚持的重要性。很显然，他是摘录自曾任美国总统的卡尔文·柯立芝（Calvin Coolidge）在 20 世纪 30 年代说的话。

坚　持

世界上的任何东西都无法取代坚持。才华无法取代坚持，怀才不遇再平常不过了；天赋无法取代坚持，壮志未酬的天才遍地都是；教育无法取代坚持，世界上充斥着被遗弃的饱学之士。坚持和决心两者结合便无所不能。“坚持下去”的呐喊声将继续解决人类的问题。

我最近读到关于英国一所大学几年前进行的一项实验。实验中，研究人员邀请了一些非常成功的商人，然后给他们一些互相连接的轻质塑料块组成的大型拼图玩具（小商品店里那种木质的方块拼图的放大版）。这种大型的拼图游戏基本上是无解的。同时，在同一房间内的一群普通的成功人士也被安排来做同样的实验。大约在 12 分钟之后，普通的成功人士便放弃尝试了。然而，那些非常成功的人士在 45 分钟之后仍然在试图破解谜题。事实上，因为他们太过执着地想要解决谜题，所以研究人员不得不从他们手上将拼图抢夺过来。

当我开始销售的时候，我总是记得下面这份曾经挂在我们销售办公室墙上的海报，它包含了陌生销售电话所涉及的两个重要观点——坚持和恐惧。因此，直至今天它还挂在我办公室的墙上。

陌生电话销售赞歌

此刻我在哪里？

坐在电话前面。

我想干什么？

打电话给一个潜在客户，销售给他我的产品。

他能说的最恶劣的话是什么？

"不需要。"

他能做的最恶劣的事是什么？

挂掉电话。

那么之后我将在哪里？

坐在电话前面。

那么我还在等什么呢？

通常来说，至少要拨打 6 个"陌生人的销售电话"才能让一个潜在客户跟你做生意：

- 95% 的销售人员会拨打第一个陌生人的销售电话。
- 50% 的销售人员会拨打第二个陌生人的销售电话。
- 25% 的销售人员会拨打第三个陌生人的销售电话。
- 15% 的销售人员会拨打第四个陌生人的销售电话。
- 10% 的销售人员会拨打第五个陌生人的销售电话。
- 只有 5% 的销售人员会拨打第六个陌生人的销售电话，他们抢占了任何市场 85% 的新业务。

为了让我坚持下去（如果我不小心的话，我就像你一样想放弃），我根据一些最新的关于人类大脑如何记忆事物的研究，成功地找到了一个很棒的激励机制。从研究来看，我们记得的大部分事情都是以图片的形式存储在大脑中的。如果某个人提到一个类似的词汇或者短语，我们就会即刻呈现出它的图像。比如，如果有人说“世界贸易中心”，大部分的成年人脑海里就会浮现出他们在“9·11”恐怖袭击事件中看到的图像。这个图像经常被回忆起来，就像它在电视屏幕上一样，就像很多人看到的那样。他们看到熊熊烈火以及所有其他能让他们记得那可怕的一天的东西。

“水果机”这个词能够使我联想起一幅图。在我眼前浮现出的是一台“吃角子老虎机”，我有机会赢得一些钱……甚至有可能中头奖。和大部分人一样，如果我的口袋里有一些多余的硬币，那么我也乐于一试。我可能会赢，当然也有可能会输。只有一件事是确定的：如果我不投入一些硬币试一试，那么我绝不可能赢得任何东西。在我心里，这和电话销售是一样的。如果我不拿起电话并拨出号码（把硬币投入槽口），那么我将毫无机会和可能的潜在客户谈话（中奖）。

因此，我在网络上找到一幅全彩色的“吃角子老虎机”的图片，然后将它打印在一张卡片上。现在，只要我感觉到厌倦、无聊、疲倦或者陷入不坚定的心态（我毕竟也是个陌生人的销售电话新手），我就把我的“吃角子老虎机”图片摆放到电话前面。然后，我的大脑就立刻联想到老虎机的画面，进而产生与之相关的感受，而不是只想着单调的电话。我发觉它如救心丸一般，它把单调的电话变成实实在在的业务发生器，即刻让我找回状态。我知道这听起来可能有些奇怪，但管它呢，有效就行！

最后一点，尽管我喜欢偶尔赌博（因此我不介意赌博图片），但我想有些读者并不会有同样的感觉。因此，如果你比较介意，那么你可以用更适合你的图片替代。我的一位在美国的客户有一张棒球投手土墩的图片，另外一位在英国的客户有一张板球柱门的图片。这两张图片产生的效果是一样的，它们分别在这两位客户的心里产生的是一种情形，即不是每次都要击中球才能赢得比赛。但是，如果你不坚持做出每一次击球的动作，你就没有机会让自己继续比赛。没有人可以替代你站在击球线挥拍，因此尽快准备好你的图片吧！

态度规则 3：挺胸抬头，面带微笑

我曾经看过一个卡通片，里面有一只小狗（我猜它是史努比），它面带微笑地走着。小男孩（查理·布朗）问它感觉怎么样。小狗说它经历了糟糕的一天，所以很低落。小男孩因此疑惑它脸上的笑容，小狗回答说，由于它脸上抹不去的笑容，它即使想表现得低落一点也很难。

我要求你此刻就站起来仰望天空（如果你此刻在公共交通工

具上，你最好等回家以后），然后做一个笑脸。如果有必要强制自己笑，那么不管你觉得这有多么愚蠢，请保持住这个笑容……现在，在你这么做的时候，试着让自己想一些特别令人沮丧的事。

很难做到，是吗？即使是“假装开心”也会让你很难感到失落。因此，不管发生什么，挽救低落情绪最快速的办法就是微笑，并且假装至少几分钟你没有难过。很快，如神迹一般，你可能会发现你真的不难过了！

伦敦的一份报纸最近报道过一个调查。调查显示，持积极心态的人常做的一件事就是“向上看”，而且比那些持悲观心态的人更有激情地活动身体。这并不是什么了不起的发现，是吗？我发现，尤其是我在拨打陌生人的销售电话的时候，我会把椅子推到角落，然后在房间里来回踱步。事实上，我大部分的销售电话是在厨房里完成的！为什么？一是因为那不是办公室——没有客户和太多干扰；二是因为虽然这是一个厨房（你知道我对“工作”厨房的理解），但是没有椅子可以坐，所以我会站着打电话。厨房没有压抑，我会拥有更多的能量和更好的态度。

还有什么会影响雄心勃勃的销售人员的态度

- **你真的想要去做吗？**

一些商业人士想要拥有销售职业的全部好处（包括陌生电话销售），但是不想进行随之而来的情绪练习和一线工作。他们在任何销售状况下都不是放松的。事实上，他们对每家公司都必须做的事情感到不安。据我所知，你也可能是他们中的一员。很多人痛恨销售，甚至有些作者专门写书研究这个职业（不是我），还有些父母讨厌他们的孩子从事销售职业。如果你符合以上任何描述，你就必须找到解决办法。

■ **你会偷偷地害怕自己有可能成为多了不起的人吗？**

我认识的许多销售新手有能力成为真正了不起的销售人员，但他们停留在自己“表现平平”的舒适区，因为他们觉得自己不配得到一个大的突破所带给他们的东西。如果这是你，那么请去咨询一下信心辅导师、催眠师或治疗师。不要放任不管，你可以寻求帮助！

■ **恶龙出没！**

维京人常在他们的地图边缘写上“恶龙出没”这几个字，因为他们无法看见也无法想象地平线以外存在什么。他们想象着各种各样的妖魔鬼怪在外面等着他们。

听着，我也被人吼过，也有被人挂掉电话的经历，现在依旧经历着这些。35年来，我遇到的所有销售人员都有过类似的经历。销售人员的报酬丰厚也正是因为他们必须承受拒绝。没有人会在电话旁等你的销售电话，因此你很有可能在错误的时间打给了某些人。被拒绝是这份工作不可避免的部分，就像电影《教父》里的唐·柯里昂说的那样：“这就是我们选择的生活！”

你在拨打陌生人的销售电话的时候会听到人们对你说各种坏话，你只需要确保自己不对自己说这些话。自我对话非常重要，在你的脑海里想象一个满脸微笑的潜在客户，暗暗期许电话那头的人是开心的，在心里预设开心的感觉。通过给自己设定开心的心理状态，你会发现你能处理好一切发生在你身上的事情。

- **他们可能不会要我的产品。**

销售产品和服务是解决他人问题的方法。找到你所销售的产品要解决的问题，确保电话另一头的人有你能解决的问题。

- **你麻木了。**

许多销售人员和你一样，他们无比渴望成功，但是他们会在脑海里描绘通向成功无法避免的困难。他们的大脑总是来回挣扎着。他们既憧憬更多的陌生人的销售电话将会带给他们的美好生活，又会因为对失败的恐惧而被困住。我见过一些销售人员在办公室，把电话放在耳边，听着拨号音“假装”打电话。他们的电话销售生涯充满了错位行为。这些麻木的销售人员发誓要认真对待工作——今天！我发誓！……但是，他们首先要做的就是冲一杯咖啡——不是普通的公司茶水间的咖啡，而是楼下的咖啡，或者是星巴克的咖啡。是的，一杯星巴克咖啡可以缓解紧张情绪！去当地的星巴克可能要走一段路，但是走这段路也有助于他们放松……是的，然后他们一定会感觉更好……绝对的！

他们终于回到了办公桌前，他们要做准备工作……他们要准备当天的销售电话名单……好吧，他们必须有条理……做好这些需要时间。等到“有条理”的这部分完成时，就快到午餐时间了，而没有人喜欢在午餐前接电话，因此又必须等到午餐过后了……然后……然后“我真的要开始了”，就这样磨蹭下去。

这些错位行为原本都是为了“消除隐患”。可怜的麻木的销售新手还指望着奇迹降临，期望越迟拿起电话，隐患就会越少。我的经验是，这个策略并不管用。那么，该如何把一个销售新手从麻木中解放出来呢？答案很简单。

新手克服困难的方法

如果上面所描述的事情和你试图克服的经常感觉到的胆怯、害怕的事情有一些相似，你就阅读到了本书的核心内容。因为接下来我将告诉你在新手阶段应该怎么做，从而变得比以前任何时候都坦然。

- **矛盾意向法。**

第二次世界大战末期，一位名为维克多·E. 弗兰克尔（Viktor E. Frankl）的犹太心理学家从纳粹集中营中走了出来。他的家人全都在集中营罹难。他写了一本叫作《人类对意义的探索》（*Man's Search for Meaning*）的书来记述他找到的应对恐惧和创伤的方法。这本书仍旧在售，也许你会和我一样，发现这本书具有激发灵感和鼓舞人心的作用。我们可以拿来用的是这本书的下半部分，叫作“意义疗法”。在这部分你会看到一个被弗兰克尔称为“矛盾意向定律”的理论。

从广义上讲，矛盾意向定律阐述了一种应对任何可能造成恐惧和忧虑感的有效途径。这个定律的要义是你不应该试图通过表现得勇敢来消除恐惧感，也不应该试图通过喝咖啡或者其他的错位行为来摆脱隐患。

相反，你应该尽你所能让你自己感觉更糟糕！做这件事最好的办法是通过一个小小的“角色扮演”，你该怎么操作呢？很简单，不过有些疯狂！

找一个安静的场所，比如一个有门锁的房间，在这个房间里别人看不见你，而且你能确定自己大概在 10 分钟内不会被打扰。然后，在这个绝对安全的空间，把你心中那个真正懦弱的部分表演出来！没有人能看见或者听见，因此放心地表演吧。如果你是个真正害怕到颤抖的陌生人的电话销售新手！！用力呼吸……大哭……啜泣……在地上打滚……前滚后翻……像婴儿一样蜷缩在墙角……抓头发……一遍一遍地把手帕打结……这完全取决于你。这是你的恐惧幻想。毫无保留……为什么要保留呢？没有人可以看见你，这么做 5 ~ 10 分钟，然后停下来。

你会发现令人欣喜的事情已经发生。你不会再感到害怕了！想一想之前让你感到害怕的事情（你的情况就是陌生人的电话销售），那种恐惧感都已经被驱散了。你需要定期重复这个练习，以此提醒自己这种“新手”状态正是你需要保持的。事实上，我想你更进一步，像我一样，给自己准备一张简单的白色索引卡。这张卡片大约 10 厘米 ×15 厘米，然后在正面用大号字写下如下字样：

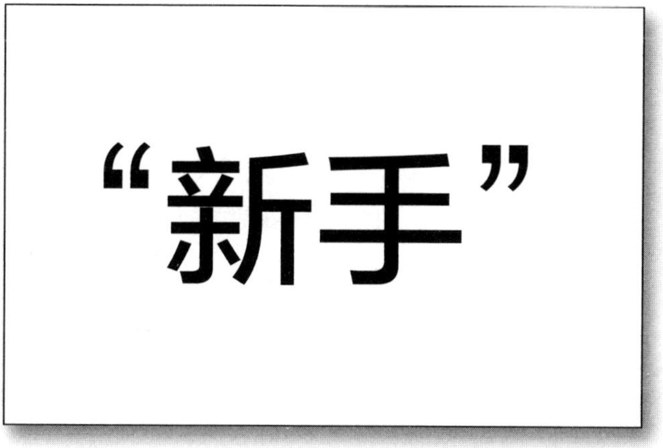

每当你需要拨打陌生人的销售电话之前，就把这张卡片放到你的电话旁。心理学家把这个众所周知的现象称为“矛盾意向定律”。我没有办法跟你解释它的作用机制，也没有办法告诉你为什么事先演练可能发生的糟糕状况会让大部分恐惧消失。但是，我能告诉你的是，3 年前我们在伦敦的一个陌生人的电话销售新手研讨会上发生的一个很棒的经历。在许多这类会议的末尾，会有一些人留下来问最后的问题或者澄清各类观点。在这种情况下，一个个子高大、长相粗犷的男人走近我。他告诉我他在伦敦北部经营着一家危机处理公司。他来研讨会的目的是学习一些宣传他们业务的方法。“我知道所有这些”，他说，“事实上，我认为这些大部分都是扯淡……我只是想让你知道。（天哪，太感谢你了！）只是我还有一个问题。”他继续说道：“我知道我必须拨打一些陌生人的销售电话，而我讨厌做这些事。因此，我将在接下来的几个星期尝试一下你的‘矛盾意向法’。如果没有效果，你就把我的培训费还给我，可以吗？”

事实上，我们的客户服务策略的一部分就是“客户不满意就退款”，因此我对他的提议完全没有意见，虽然我并不喜欢如果我在这方面失败可能会受到他和他的朋友们的打击。两个星期之后，我的电话响了……又是他：“是埃瑟林顿先生吗？我参加过您的研讨会，您记得我吗？（我怎么可能忘记？）是这样的，我想我应该告诉您……您说的‘矛盾意向法’……原来真的有效！怎么可能？”

我不得不承认，我当时没办法告诉他。就像我不知道地球引力是怎么回事，或者电力是如何从墙上的插座里导出来的，抑或为什么黄油面包掉在地上时总是黄油朝下……它就是这样。因此，自己尝试一下你就会明白我的意思。毕竟，你又有什么损失呢？……你只是一个陌生人的电话销售新手！

第四章

阐述不等于销售

对商业来说，销售是最重要的，没有销售，其他一切都是空谈。

—— 比利 · 福尔摩斯（Billy Holmes），销售培训经理，英国兰克施乐公司，1970 年

苏格拉底曾经是一个到处奔走游说的人，所以人们杀了他。

—— 一个 11 岁的小孩在被问到如何描述这位哲学家时给出的答案

许多从事销售工作的人都上过相关课程，读过相关书籍，听过相关磁带和 CD（激光唱片），或浏览过相关网站，以获得一些有关销售方面的建议。问题是，许多目前可以找到的材料都是建立在老派方法的基础之上的，而运用于 21 世纪是不会特别有效的。或者，如果信息是最新的，并且是为现代市场而设计的，那么它们会被阅读、观看或者聆听（据权威媒体报道），然后会在很大程度上被忽略。浏览这些信息的人坚信他们了解得更多，根本无须听从任何一本书的建议。他们相信他们的产品或服务是与众不同的，他们不需要熟悉最新的、经过验证的销售方法。

大部分人在试图让他人在做某些事的时候都倾向于通过告知、影射、说教以及展示来进行“尝试”。他们不停地说，却意识不到听者的大脑能多快地游离。

显而易见的是，通常人类非常善变并且很容易感到厌烦。不管一个销售人员觉得他有多擅长发表最厉害的“说教”，如果对方的大脑没有时常地被刺激并且对方没有直接参与到对话中，双方就不会存在有效沟通。换句话说，在拨打陌生人的销售电话时，电话那头的潜在客户用不了两分钟就会“游离”。

……用不了1分半钟……甚至用不了1分钟！

如果你拨打一个经典的“游说”电话，那么你的潜在客户用不了30秒就会开始游离。

这就是为什么超过90%的决策者都将告诉你他们尽量避免接听销售电话，以及差不多同样多的人不记得曾经接到过对他们的业务有益的销售电话。通过观察下面的这幅展现潜在客户在接到销售电话之前的观点的图（见图4-1），你就能清楚地看到我们为什么会遇到这个问题。也许某个地方有小问题，也许是众多问题之一，也许销售人员确实有解决方案，但是迄今为止，这个问题并没有被证明值得购买者花大量时间或金钱去解决。

当成功接触到潜在客户之后，大部分电话销售人员倾向于迅速地说教、糊弄、陈述（通常是无休无止的陈述），更多的是关于他们想要潜在客户购买的产品或者服务的内容。会被谈论到的内容包括：它是什么，它是如何运作的，它在商业上存在了多久，

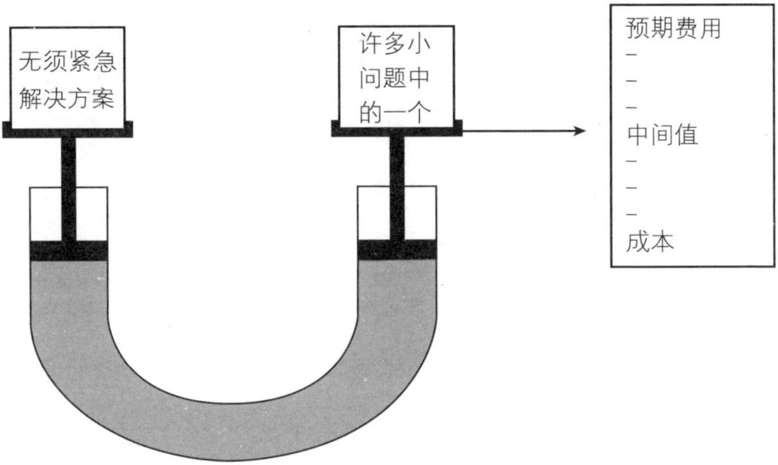

图 4–1　潜在客户接到销售电话前

它有多少用户，它有多大或多小，以及它的效率、速度和可靠性，等等。这类游说通常是这样的：

> “早上好，是潜在客户先生吗？您今天过得怎么样？太好了!!潜在客户先生，我叫‘不能信任’，这只是个礼节性的电话。我来自‘研磨仓储’，您听说过吗？没有!?哦，是这样的，我们是本地一家自助仓储公司，虽然我们不是最大的公司，但是我们会朝这个方向努力（哈哈）。作为一家仓储公司，我们能够以高费率给您提供从 10 ~ 1 000 立方米规格的储存仓库。所有的仓库都有全天候的安全守卫。每一个仓储单位都

干净且干燥，我们为每一位客户提供挂锁及钥匙……您也可以自由地使用自己的挂锁。我们周一至周五每天早上6点至晚上8点30分准许进入，周末则是早上7点至晚上7点准许进入。准入时间之外进入则需特殊安排，可能会收取一定的费用，但只是象征性地收取，所以您不用担心。我还应告知您，内部运输设施叉车等使用费是包含在价格内的。如果有需要，那么我们也可以提供从贵所至我们仓库之间的外部运输的报价。我们在此地营业超过10年，我们已经有大量有案可查的业务，都是来自我们的长期客户。不知您是否需要我们的服务。……也许……近期……或者在将来的某个时期？潜在客户先生？您还在吗？这些总共要花费多少钱？这个根据您的需求会有不同。或许我们可以约个时间？……不方便？……给您寄一本产品手册？当然没问题……但是您目前不需要我们的服务吗？不需要？我想也是。但是，就像我说的，这只是个礼节性的电话，试试运气罢了……好了，很开心和您通话……感谢您的时间，再见！”

这里的问题是，潜在客户可能真的有销售人员能解决的仓储问题。但是，销售人员如此专注于把他们编写好的话塞给潜在客户（他们通常如此），那就会发生如图4-2所示的情况。

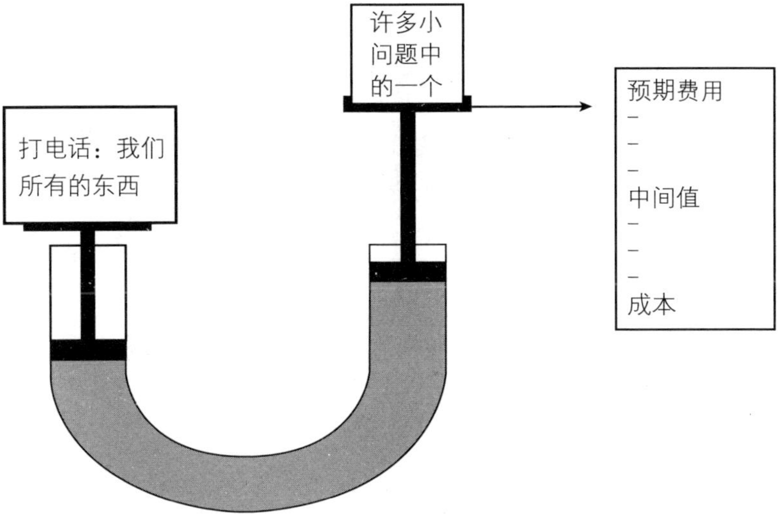

图 4-2　潜在客户接到销售电话时

一旦销售人员开始讲话就不会停。根据普通人的大脑运行规律，游说开始 30 秒之内，潜在客户就不再听了，他将丝毫不再参与这一过程。由于电话拨打者还在不停地说着他所在公司的许多情况，所以不管他卖的是什么，产品的价格可能都会很贵。

大部分销售电话的结果都非常典型而且极具可预测性。潜在客户知道说教已经结束，因为他的耳朵里没有了喋喋不休的话。他非常有礼貌，也很有可能前几天有人跟他提到过让人心烦的仓储问题，所以他常规性地问了一下所有这些服务要花费多少钱。他当然没有那么多的问题足以促使他安排和销售员人见面，所以他要了一本产品手册，然后……就是那样。

当产品手册被送到时［如果真的被送到了（之后我会再讲这个）］，它会被淹没在墙角一大堆的产品手册里。这个小问题会被新问题遮盖，然后一直往后拖延成次要的问题。产品手册最后会在年底清扫时归入垃圾堆。打电话的人也不会再打来电话……潜在客户消失了！

从图 4-2 中可以看出，这个问题的真正根源是销售人员游说的那些事实和产品特征的分量。销售人员远远没能使顾客意识到自己所面临的“尚未被承认”的问题，完全忽略了这一问题。像大部分销售人员一样，这个电话销售人员坚信，销售的艺术就是把所有的好东西第一时间都堆砌在潜在客户的面前。潜在客户就会像销售理论所说的那样，仔细考虑堆在他面前的东西（这个案例中就是他听到的内容），然后选择他喜欢的东西，双方用不了一小会儿就成交了。

呃……这个理论很棒……不幸的是，事实并非如此。

在任何阶段（包括陌生电话销售），商业劝说的艺术都不在于陈述、空谈、展示或者游说的天赋。

无数的实验和大量的学术研究都表明，人（有时候会是你或者我）最容易被说服的时候是当他们自己说服自己的时候。劝说潜在客户的最佳方法是确保让潜在客户主导对话。销售的真正技巧不在于自信的“陈述”，而在于对话式的“提问”。

简单来说，最好的销售人员与陌生人的电话销售人员所做的不一样的事就是，他们询问更多的问题！

问题举例

我想你稍微停下来配合我做个实验。为此，我想问你一个问题：“你身上穿的衬衫（或者上衣）是在哪里买的？”

你是不是快速地想了一下？你清楚地记得吗？事实上，你在哪里买的衬衫并没有那么重要。但是，我现在想让你做的是，想想我们之间刚刚到底发生了什么。我直截了当地在你阅读的过程中问了你一个问题，那么随即你不得不做的是什么。你必须思考，不是吗？事实上，你不得不思考我想要你想的问题。这就是问题让人敬畏的地方。你在问别人一个问题时，就像抓住了他们的衣领，把他们拽向你，他们必须思考你想让他们去思考的问题。

如果你允许，那么我想用更吓人的方式解释一下。比如一个好的拷问者，他不需要用“无麻醉牙科器材”来折磨你，他只需要借助你的想象力来告诉他“金子”所在的地方。“你打算告诉我把金子藏在哪儿了吗？”他可能会一边亮出那一套器材，一边非常友好地问你这个问题，而被结结实实地捆在椅子上的你不安地看着。“不，你当然不会……你那么勇敢。”他继续说道，“但是，你认为明天早上我从你嘴里拔出一些完好无损的牙齿会怎么样？”“糟透了。”你自言自语道。你已经想象到那个场景了。“是的，在这种情况下‘糟透了’可能是一个不错的词。”他继续说道，“好吧，我们今天就到这儿，明天我会回来看你有没有改变主意。如果你不介意的话，我就把这些器材留在这儿了，放在你能看得见的地方，我们明天见。”现在，老实说，当他明天早上回来时，你经过一晚上的思想斗争，你会告诉他吗？你一定会的。

同样，当我们在向人们推销想法的时候，我们其实是在推销问题的解决方案。但是，除非潜在客户已经开始仔细地思考他遇到的具体问题，他才有可能购买你的解决方案。

你对潜在客户的唯一价值就是你可能帮他解决问题。一些电话销售实习生会惊讶于当你真正乐于倾听潜在客户的问题时，他们有多愿意诉说他们的问题。当你鼓励潜在客户开始以回答问题（精心设计的问题——关于你能解决的那些问题）的方式聊天的时候，我们之前看到的图就会朝着一个不同的方向发展（见图4-3）。通过花时间准备然后运用 IKEA 方法（前面介绍过），你就会发现你的销售电话将发生如下变化。

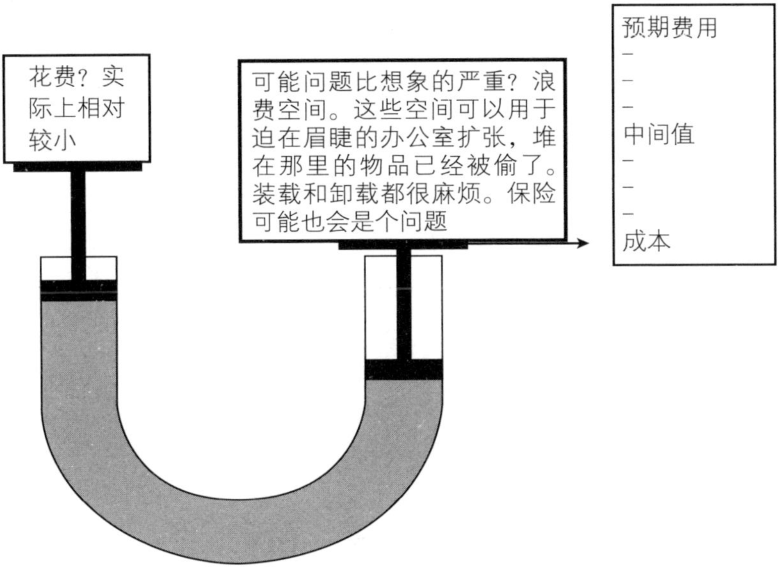

图 4–3　潜在客户接到电话后

- 更加集中。
- 针对的是那些通常有你能解决的问题的潜在客户。
- 确保潜在客户继续接听你的电话。
- 让你更有机会使得潜在客户真正地把你的问题和他面临的问题联系起来。
- 使他提出异议并拒绝你的可能性降到最低。
- 使你和潜在客户通过这个销售电话达成满意结果的概率提高 20 倍。

那么，你在拨打陌生人的销售电话的时候该问什么样的问题呢？你该如何设计问题，使得客户开始思考他们面临的问题（你能提供解决方案的问题）呢？

这就需要你来决定，想一想你到底能为你的潜在客户解决什么问题。你的全部价值就在于帮助他们解决问题。你的产品是什么并不重要，因为如果你的产品能卖出去，它就是在帮助某些人解决问题。

“你能为你的客户解决什么问题？”每当我问销售人员这个问题时，我总是很惊讶。他们中的大部分人要么不能及时回答，要么就开始长篇大论——但他们仍不能明确回答为什么他们现有的客户会使用他们的产品或服务。他们其实就是不知道这个问题的答案。这就不奇怪为什么他们拨打销售电话时会遭到那么多的拒绝。他们完全不知道该以何种方式在潜在客户心中创造价值，因为他们丝毫不了解他们能帮助潜在客户解决什么问题。

解决问题

举例来说，本书是为了解决你可能遇到的如何开启商业机会的问题。杯子解决的问题是把液体输送到你的身体而不至于将液体洒得到处都是。汽车解决的是个人交通问题，如果这是一辆很贵的车，那么它还有可能解决车主的个人形象问题。问问你自己，墙纸能解决什么问题呢？那么，银行、打印店、清洁服务公司、饮水机供应商、出版商呢？麦当劳与高速公路餐厅相比呢？

这里需要明白一点，客户想购买的并不是产品。产品的制造过程、组成部分、参与制作的人数以及其他被称为“产品特色”的内容，都不是客户真正关心的问题。真正的问题是：“这个产品或者服务能为我做什么？它能解决什么问题？我能从中得到什么好处？”海伦娜·鲁本斯坦（Helena Rubenstein）明确提出过：“在工厂，我们生产化妆品；但是在商店，我们卖的是希望。”

关于你的产品或服务，首先需要明白的是它具有3个要素，分别是产品特征、优势以及好处。我知道到此刻很多销售老手都开始打哈欠了，这确实也可以理解。被称为“特征或好处”的销售早在20世纪60年代就已经产生了。可事实是，大部分销售人员在被要求定义每一个要素并使之与其产品关联起来的时候都给出了一些奇怪的答案。在大部分时间里，他们都不得要领。但是，在你开始设计陌生销售电话问题之前，对这3个要素有一个清晰的认识是完全必要的。

产品特征

所谓“产品特征”就是关于产品的基本事实。比如，我此刻正盯着书桌上的电话，仅仅是看着它我就能告诉你它的10个特征。

- 它使我能够与人联系。
- 它有 12 个印着号码的主要按键。
- 它有 5 个银色功能键。
- 它有免提功能。
- 它有液晶显示屏。
- 它有圆形的外观。
- 它是黑色塑料材质的。
- 它能储存 100 个电话号码。
- 它有 5 种铃声。
- 它是无线的。

以上的每一个特征都是关于这部电话的基本事实。如果有人想卖这部电话给我或者其他人，那么他们最好针对每一个特征都准备好一个令人头疼的问题——“那又怎样”——的答案。

所有这些特征都只有在我（潜在客户）认识到如果我没有这个电话时会面临什么样的问题时才会成为卖点。当然，我们丝毫不能指望客户能够自动地把这些可见的特征和产品将会帮助他解决的问题联系起来。作为销售人员，你必须帮助他们这么做。这并不是因为他们愚笨，而是因为他们懒得做。

因此，如果此刻你心里盘算着销售某个产品，你就应该尽快着手拨打销售电话。你可以从以下步骤开始。

- 准备好一张白纸。
- 把它横置于桌面。
- 用笔将它分成 3 栏，然后将第一栏的标题定为“特征”。
- 列出产品的 10 大特征或者基本事实。

就像图 4-4 这样。

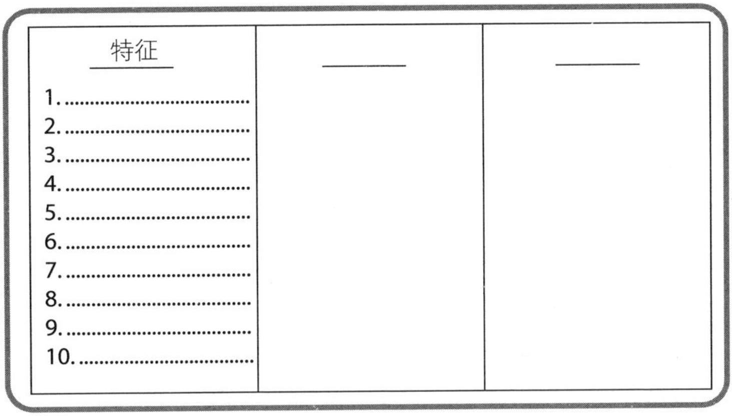

图 4-4　产品特征

完成这一步之后就进入第二栏，标题为“优势”。你在第一栏写下的每一个特征都应对应一个或者多个可能的“优势”。优势就是“潜在的好处”，而好处就是所有明确存在的问题的解决方案。一个“优势”能够转换为“好处”的前提是，潜在客户承认问题的严重性和随之而来的连锁反应（IKEA 方法里的 K）。不影响整体而独立存在的问题是不存在的。

把产品特征转化为优势的最简单方式就是，询问你的现有用户，如果他们没有你的产品或服务，那么他们的生活会是什么样的。对于任何一个全新的或还未上市的产品，你只需要想象你正站在一位潜在客户面前，向他展示你的产品特征，然后他面无表情地说道："是的……那又怎样？"现在你就该向潜在客户描述这一特征可以解决的具体问题。

记住，推动我们做任何事的关键动力因素可以分为 4 类，即"4P"：力量（Power）、利润（Profit）、声望（Prestige）和愉悦（Pleasure）。你在写下每个想象中的"那又怎样"的问题的答案时，都必须直接或间接地提到其中的一个关键动力因素。以下关于这些动力因素的定义可能会有用。

- **力量**指的是所有让用户对事件、工作环境、人员进行控制，并通常领先于其他人的东西。
- **利润**指的是任何与钱有关的东西，不管是节省钱、节约开支、减少花费，还是真正地创造利润。你也许认为利润是所有公司的首要目标，但对那些有钱人来说，利润只是留在局中的方式。对很多人来说，"声望"远比"利润"重要。
- **声望**指的是一种荣耀或者颂扬。这个词是由某些地位高、影响力大或者成功的人创造的。这类人更喜欢劳斯莱斯而不是宝马 Mini（汽车品牌），只在餐厅的最好位置吃饭，坚持在高端场所购物——即使可以在别的场所以更优惠的价格购得。为什么？因为他们可以这么做，而且也希望别人都知道这一点！

- **愉悦**是所有致力于使用简便、便捷生活、乐趣、享受、吃、喝的快乐。

你准备好了吗？对照每一个特征，想象每一个“那又怎样”，然后写下你的答案。

- **特征：**这部电话有液晶显示屏。
- **优势：**当有电话进来时，在你拿起话筒之前，先看一眼显示屏上的号码，你就会知道是谁在给你打电话，然后决定接或者不接（力量驱动因素）。

记住，通常每个特征都会有不止一种优势。顺着列表把每一个浮现在你脑海里的优势都写下来。在你完成这一步之后，你就可以开始最重要的任务，即准备一些关于你能解决的问题的提问。

许多像我一样接受过传统销售方法培训的人，已经习惯于把特征转换成好处，然后一股脑地把它们抛给潜在客户，并寄希望于好运降临。我们当时所说的好处实际上只是潜在的好处或者我们现在所说的优势。我们那个时候没有21世纪的销售人员能使用的基于研究基础之上的技巧。我们也接受过所谓的“刺探”培训，就是那种粗糙的、处于萌芽阶段的询问技巧培训，但这些技巧远不如你即将要学习和运用的询问技巧专注和复杂。

基于特征、优势以及好处的询问技巧是有效拨打陌生人的销售电话的核心。但是，根据目的的不同，我们运用的技巧也大有不同。

现在你该好好想想你拨打陌生人的销售电话的目的了。

第一，预约面对面销售？

第二，直接通过电话销售产品或者服务？

目标不同，我们问的问题也不一样。当你试图通过电话直接销售某个产品的时候，你会发现“关切问题”最有效。另外，当我们试图通过电话获得一次面谈机会时，你会发现承诺和一致性问题更有效。

以预约为目的的销售电话

当我在我的公开讲座上要求听众告诉我他们拨打销售电话的目的时，我得到的最多的回答是“预约面谈”。那么，我们就从这里开始。

如果想通过电话让潜在客户同意跟你预约见面，你就需要在脑海里牢记 IKEA 方法。潜在客户不会因为你听起来像个好人就这么做。

“早上好，潜在客户先生，我是来自紧急电脑联合公司的乔·布洛金斯（Joe Bloggins），您是否负责您所在单位的电脑服务？……太好了，是这样的，我们是本地电脑系统维修专家，我想知道我是否可以约个时间过来和您谈谈我们能为您做些什么？”

我每天至少接到一通这样的销售电话，从文具供应到电话服务。你觉得我会跟他们说什么？没错，“不用了，谢谢，我们自己安排”，“我们已经有合作很愉快的供应商了”，“我们没有需求”，或者“我们是一个小型公司”，等等。

事实确是如此，如果你太急于要求某人（潜在客户）做什么，或者用错了方法，又或者他们觉得你是在拼命地想要他们做什么，那么结果可想而知。无论何种情况，你完全没有遵守 IKEA 方法。可怜的电话销售人员不过是一次又一次地让自己陷入失败的境地。

的确，偶尔会有潜在客户在某个特殊的时刻刚好碰上电脑问题，而运气极佳的你在正确的时间出现在了电话的另一头。但是，你绝不能指望这个，也绝不能让这种偶然事件主宰你的陌生电话销售策略。那么，就让我们在这个程序中加入一些真正的心理科学吧。让我们来看一看“洗脑”背后的科学吧。

是的，洗脑 !! 完全不同于我们印象当中的画面，一盏假想的无灯罩的灯泡从天花板垂下；而你，被剥夺睡眠的你，被迫一天24小时听着外国声音不间断地做着外国的政治说教……事实证明，这个过程非常微妙。这也是陌生人的电话销售新手可以为己所用的策略。这个策略基于如下事实：人类，或者更准确地说，人类大脑，喜欢保持一致。

朝鲜军队在20世纪50年代的朝鲜战争中发现，如果你能让一个囚犯几次认同他们所在的房间有白色的墙，木质的床和桌子，以及黄色的门（都是肉眼能见的真实的不可否认的事实），那么几天之后悄悄地替换掉其中的一样（譬如，墙现在是淡黄色的），囚犯会完全认同。再过一段时间，经过几次类似的微妙替换，就很有可能仅仅通过建议让囚犯完全认同这个房间。

发现这个奇怪的现象之后，军队能够使用同样的技巧慢慢地使囚犯认同一个完全不同的国外政治意识形态。

随后，美国有过一个类似的实验。一组随机抽取的加利福尼亚州小镇上的司机被要求在车的后玻璃上贴上一个很小的标识，上面写着“做一个更安全的驾驶员”。几天后，研究人员拿着大得多的木质标识牌，准备安装到支架上并立于驾驶员家的门前草坪上，这一次上面写着“小心驾驶”。这一要求同时还被推广到没有被要求展示汽车“后玻璃”小标识的司机那儿。这一次研究人员拿着一张照片，这张照片中有一个温馨的家庭，门前草坪上展示着一张脏兮兮的、中等大小的标识——基本上把整栋房子挡在了后面。

超过 80% 一开始没有被要求展示小标识的人拒绝展示大标识，但是在一开始被要求展示小标识的司机中，有超过 75% 的人同意展示大标识。

作为这个实验的延展，这群居民被要求签一个叫作“保持我的加利福尼亚州的美丽”的请愿书。几个星期后，他们再一次被要求在门前草坪上竖那个大牌子。尽管在主题（美丽的加利福尼亚州）和行动（签署请愿书）上的基本要求有所不同，但有一半的人同意了。后来在分析结果的基础上发现，初次的行为改变了人们看待自己的方式（我是个友好睦邻的市民），然后进一步导致他们在下一次的行为中展示上次行为中的形象。

那么，在简短地解释了我们行为背后的心理科学之后，这些到底与让销售电话预约变得更加容易有什么关联呢？

让我现在就告诉你，你不需要成为一个洗脑者。但是，了解人类大脑如何工作，会为你劝说潜在客户说“好的”提供简单而有力的工具。

孩子们天生就会

顺便说一下，直到几年前我的女儿天真地在我身上使用了一个简易的版本，我才发现我有多容易受这个方法的影响。她刚刚通过驾照考试，马上就要结束高中生活去上大学了。学校准备了一场毕业舞会（无酒精），她打算参加。大约距舞会一周前，她问我是否可以作为特殊待遇允许她开家里的车去。我一方面有些担心，另一方面又因为相信舞会不会有酒精饮料而稍微安心，便同意了。几天后，她再一次缠上了我："你记得你说过周五晚上会借给我车吧？"

"是的。"

"可是我没有钱，能否给我点钱加油呢？"

"什么？……我想没问题……拿去吧。把油加满。"

周四晚上她发出了最后一击："爸爸，你说过我在周五晚上可以开车的，是吧？"

"是的。"

"你知道你给我钱加油了，对吧？"

"是……的。"

"我能再多要求一件事吗？我能待到凌晨 1 点晚会结束吗？"

那么，到此刻为止她做了些什么呢？她得到了借车的肯定回答。然后，她在这个基础上拿到了给车加油的钱。最后的请求建立在前两个请求的基础之上，我再一次说了"好的"（幸运的是，那天晚上很顺利）。

但是，请想一想，如果她在一周之前直接问："爸爸，我下周五能在外面待到凌晨 1 点吗？"我会同意吗？绝对不可能！她只是在每一次承诺的基础上，拿到了她想要的回答。而这个方法是我们即将加入你的销售电话脚本大纲的核心内容，我们称之为认同法则，它是另外一个附带法则——承诺法则的近亲，我们同时运用这两个法则。

承诺法则建立在这样一个事实基础上，即如果一个人口头承诺了要采取某些行动，那么他采取行动的概率会超过 80%。这个理论源自几年前的一系列实验，其中有一个实验是这样的：一位研究人员在拥挤的海滩上进行日光浴，大约半小时之后，他起身走向海里去游泳，并把他所有的物品（包括一部 CD 播放机）放在了毛巾上；几分钟之后，另一位研究员（扮演小偷）跑向海滩，在到达无人看管的浴巾处时“偷”了 CD 播放机之后就跑了。在无人看管的浴巾旁边大约有 20 个进行日光浴的人零散地分布着，但是只有 4 个人试图阻止这个小偷。这个实验重复了几次都得到类似的结果。几天之后，这个进行日光浴的研究人员再一次躺在了同一地点，但是这一次在他起身去游泳之前，他请求身边进行日光浴的人帮忙“照看他的物品”。他们都答应了。这一次当“小偷”再一次经过并偷取 CD 播放机的时候，周围所有答应帮忙照看物品的人一起按倒了小偷并拿回了 CD 播放机。

另外一个充分利用这一人类特性的行业是餐饮业。对于餐饮业从业者来说，那些预订了位置但是没能来就餐的潜在客户是个难题。餐馆老板发现了一个能够有效解决这一难题的方法，就是在挂掉顾客的预约电话之前问一句：“如果您要取消用餐的话，您会提前告知我们，对吗？”80% 以上承诺会这么做的顾客在必须取消用餐的时候，都会提前电话告知餐馆。当一致性原则和承诺原则相结合时，这会成为电话销售新手极其强大的工具。

结合以上所有的资料，我们开始准备一份高效的电话销售脚本。本书有专门为拨打陌生人的销售电话设计的三大部分的概要，其目的就是帮助电话销售新手获得一次预约。我不希望你们完全依照这个“脚本”来开展电话销售，这种生硬的销售脚本会让销售对象觉得很虚假。然而，在这个阶段，它很好地阐明了一次有效的电话销售应该如何展开。

第一部分阐述了与公司（通常就是所谓的“看门人”）开展首次接洽应该圆滑地处理。第二部分阐述了如何真实、有效地利用一致性原则和承诺原则。第三部分概述了如何有效地处理你无法避免的回绝。值得一提的是，如果你把好的提问技巧和 IKEA 方法结合起来，那么你会发现与普通的绝大多数电话销售新手相比，你要处理的回绝将会少得多。

首先说一下“看门人”

在本书前面部分，我提到了 20 世纪 60 年代训练销售人员与这些重要的后勤人员展开电话销售的方式是对抗的，甚至是轻视的。我们曾经被训练销售的方式不够光彩，就是在今天也没法引以为豪。我承认，我并不想与“看门人”打交道，如果可以的话，我会尽量避免与他们打交道。反过来，他们也会接受专业的训练，仅仅是为了做好他们的工作，保护那些我需要与之交谈的有影响力的人。所以，这里列出了一些指导性建议，以帮助你更好地与他们打交道。

这里不会涉及阴险的手段。在与他们交谈时，你必须讲真话并且表现得非常专业。记住 IKEA 方法中的 I 和 K，在拿起电话之前，你必须无比确定你已经收集了所有你能收集到的情报，并且充分了解你的产品或者服务在解决问题方面的优势。

你极有可能遇到的第一个人是总机接线员。你在做自我介绍时要清晰、易懂，说话的语速要相对缓慢，这不是一场将话全部灌输给电话另一头的人然后立刻跑掉的比赛。

明确地告诉对方你是谁以及你所在公司的名字，请求对方帮你联系你想洽谈的经理或者总监。

正如你的调查所显示的，对方极有可能对你打算呈递给他们的建议具有举足轻重的作用。

如果你仍然不确定，那么试着联系总经理或者首席执行官的助理。你很有可能会联系到这个人的私人助理，尽管如此，最重要的是努力地联系到你真正想洽谈的那个人。

如果总机接线员告诉你他将给你接通私人助理，你就说："好的，没问题。"

"早上好……我是顶点器械公司的乔……请让老板先生接电

话。谢谢…… 哦，好的。我可以和他的私人助理沟通……顺便问一下……请问助理的名字叫什么？”在总机接线员帮你接通了电话后，请对私人助理说：“早上好，我是顶点器械公司的乔……请问你是琼·斯莫尔（Jean Small）——老板先生的私人助理吗？”（当然这取决于你是否已经打听到了私人助理的名字，如果接电话的人告诉你他并不是私人助理，那么请求他能否帮你转接私人助理。如果接电话的人就是私人助理，那么请按以下方式进行沟通。）

“您能帮我一个忙吗？”

接电话的人通常会这么说，“好的”或者“我尽量……我能为你做什么”。

你的回答应该类似于这样：“我对于一些关于如何向贵公司提交战略性提议的建议非常感兴趣。这些战略性提议是关于以何种方式在贵公司产品或服务的核心领域提供一些优势。”

（这里需要注意的一点是，不要说太多细节，否则你就会听到对方说，“哦……这些我们都是内部在做的”或者“实际上，我们对现在的供应商非常满意”。）“……那您能告诉我应该打电话给谁吗？是谁在负责这件事呢？展开这项工作最好的方式是什么呢？”或者你可以问：“你能否指导一下我该如何找到贵公司产品或服务核心领域的负责人？”

从这开始，一切都在你的掌控之中。现在，你已经联系上了私人助理，采取了他的指导建议并且付诸实施。确保你保持跟进这家公司做事情的方式是非常重要的。这跟你将要交给他们的整个方案一样重要，而且你拥有了一个潜在的盟友指导你。

但是，我在前文说过，如果有可能我总会避免与“看门人”接触，我建议你也是如此。就这一点而言，关于一天中在哪些情况下你不太可能碰到“看门人”，我可以给你一些建议：“看门人”一般不会在早上 8 点前和下午 6 点 15 分以后上班；一些年长的“看门人”经常在午餐时间不上班；一些“看门人”的老板非常好，允许他们周五可以早点下班回家，“看门人”可能在下午 4 点 45 分之前就下班了；恶劣的天气（下雪、下冰雹等）也是“看门人”不上班的原因；周末也是……几乎很少有“看门人”在周末上班。

然而，以上所说的是他们的老板（通常指的就是你非常想交谈的人）会在那里并且完全没人看管的情况。顺便说一下，如果你在这个时候对我说：“什么？早上那么早，我还没有上班……也不会加班到那么晚……周末我也不上班……”那么，我要提醒你，销售并不是一个朝九晚五的工作。当你做销售的时候，你所拿的薪水并不是依据你在办公室里待的时间算的。作为一个专业的销售人员和陌生人的电话销售新手，你仅仅依据你所创造的价值获得报酬。

周末还要打电话

这是关于这个主题的最后一点。一些参加我们讨论会的人对在周末或者正常工作时间之外的时间进行电话销售是否明智这个问题向我提出了质疑。“对方不会觉得烦吗？”他们问。那么，我告诉你，当我在这些出乎意料的情况下给这些高级决策者打电话的时候，他们通常会说什么：“埃瑟林顿先生……你能告诉我你是怎么找到我的吗？”……那么我就告诉他们我是如何做到的……我告诉他们我计划做什么并且将如何执行这个计划。然后，他们一般会这样回复：“那确实非常有趣……实际上这本不该发生，我们将会加强管理身边的工作。但是……你认为你能教我们的销售人员准确地做到那些事情吗？”显然绝大部分的高管不想接到陌生电话，但无比期望他们自己的销售人员能像我一样这么做！真是一个“有趣”的世界，不是吗？

接下来的内容就是我拨打销售电话的典型方法。我按照我们在本书中已经讨论过的方法进行，但是我将要为你对这个方法进行分析，因为这里面包含了一些我还未提出的更强大和更有说服力的因素。如果你愿意将它作为一个范例，那么你只需要用你的名字、公司名称以及核心产品优势来替换我的信息。

脚本分析

脚本共分为A、B、C 3个板块。

第一，在最上面A板块的第一行你将会看到：

“早上好，我是（你的公司名字）的（你的名字），请问您能帮我接通老板先生吗？谢谢！”

你认为是什么让这句话成为一个有力请求的？大声地朗读这句话，你有没有发现什么，尤其是最后的那句“谢谢”。这是一个非常奇怪的现象，如果你在这个或者类似的请求后面加上“谢谢”，这个“请求”就会变成一种“命令”。如果你这样做的话，你就会发现你能直接接通你想交谈的人的电话的可能性有50%。这绝对可靠吗？当然不是。这只是增加了你在与“看门人”的电话中不被纠缠的可能性。

第二，在A板块的下面部分，你将会看到一些对语音信箱的处理建议。你将会发现这些天你很有可能没法直接与你想打电话的人交谈而是被转到了他的语音信箱。对于绝大部分的语音信箱有一条关键性的规则，即尽量简洁。这对一些电话销售新手来说几乎是不可能做到的。电话接通时的“嘀”声一响，他们就开始不停地说，他们几乎将全部的销售话语都留在了电话留言机里。那么，你觉得这会有什么样的效果呢？这些留言的人中又有几个人曾经收到过回复呢？答案是几乎没有。为什么潜在客户应该给你回电话呢？所有的推销言辞都在电话留言里。实际上，潜在客户并没有听多少你的留言，因为不到半分钟他们就按下了删除键。因此，我们可以做什么呢？很简单，当留言在语音信箱的时候，语言一定要尽量简洁和有趣。

最好和最有效的留言是简单的，通常有90%的机会会收到回复电话："潜在客户先生，早上好。我的名字叫鲍勃·埃瑟林顿。请问您能否给我回个电话。我的电话号码是123××××××××。谢谢潜在客户先生，再见。"说话的语气要保持缓慢，比平常的语气略低沉，说话的时候要面带微笑。这听起来可能有点傻，但是使用这些特殊的语气会有效果，因为听电话的人会无意识地将它与两大重要的特质——影响力和权威——联系在一起。有影响力的人没有理由匆忙行事，他们习惯于被倾听。你将会发现以这样的方式传递并留下一条简洁、真实的语音邮件对大多数听众来说是非常有效的且能激发他们的兴趣，然后你差不多就能收到一个回复电话。即使这种方式没法奏效，你还可以使用更多的方式来激发目标人物的兴趣从而得到积极的回应。我们将会在本书的最后部分看到这些。

第三，现在，我希望你们看到这个脚本中间B板块的最上面，在那里我假设你最后都能接通你想与其交流的那个人的电话。看一看你在向潜在客户做自我介绍时的第一行：

> "早上好，潜在客户先生。我是（你的公司名字）的（你

的名字）。您现在有空吗［或者（更好的是）您现在方便说话吗］？”

在你开始谈话之前，最好先确认对方是否有时间，相比于问对方“您现在有空吗”，试着来看看这个更好的选项。原因很有趣，“您现在方便说话吗”是一个非常能吸引关注的开场白。这句话是猎头顾问经常用来确认他们要交谈的目标人物是否真的有空谈论一个潜在的工作机会。所以，当大部分公司主管听到这句话的时候，他们就表现得像巴普洛夫的狗一样，他们自己却没有意识到为什么会这样。虽然没人告诉他们，但他们在自己灵魂深处的某个地方也会知道这可能是“一件大事”。因此，在这个时候你就能拥有他们全身心的注意力。在这个时候你通常听到的声音是电话那头停顿了一下，立马关上办公室的门然后问：“请问我能为你做什么吗？”

现在，你就十分安全了。到目前为止，你并没有说任何一句不真实的话。你所做的就是介绍自己并且询问潜在客户是否方便说话。事实上，你采用一点独特的知识来吸引潜在客户的注意完全是光明正大的。下一个阶段就是利用你已经获取潜在客户的注意的事实开始进一步获得你渴望的预约。

第四，停留在这个脚本中间的 B 板块，然后考虑下一句话。现在你已经获得了潜在客户的注意，你需要说一些话来保持这个状态并且在这个基础上进一步发展。如果你回想起 IKEA 方法，你就会记得 E 代表扩张。在这一刻，你需要通过提及一些与客户业务有直接联系并且能联系到你能提供的优势的事情来扩充你的信息。例如：

> “这个星期我在《金融时报》上读到一篇关于你们扩充计划的文章。你们设定的目标十分具有挑战性。我们是一家经过专业培训的公司，当前正向一些公司展示如何在目前艰难的市场中创造双倍的业绩，以及如何在未来的 12 周内做到这一点。”

这条信息应该是完全真实的、有据可查的，它描述了一家公司的能力，并且具有足够的劝导力使你的潜在客户说这样的话：“是的……你打算怎么做？”这是你进入下个阶段的标志。在下个阶段你开始问一系列计划好的“一致性和承诺”问题，这些问题旨在达到你期望的预约。所以，这个时候我通常会说：“您是否介意我先问您几个问题来看看我们是否能帮到您？”然后，不要停顿，直接开始问你计划好的第一个问题。

第五，现在一致性和承诺程序已经开始了。看一下中间 B 板块的第 1 到第 7 个问题。这些问题中的每一个都能通向下一个问题。每一个问题都比前一个问题稍微难回答。也请记住，我现在是用我自己的陌生电话销售脚本作为一个范例来阐述不同的观点。你要为你自己的公司准备的脚本并针对你自己的优势来设计。

问题 1 一个无须动脑筋的问题。我通常知道这个问题的答案，因为我会准备好我的调查（IKEA 方法里的 I——情报）。这个问题的作用在于让电话接听者进入回答问题的节奏。

问题 2 稍微比第一个问题难一点，但是同样是我知道答案，只是为了进一步让电话接听者进入回答问题的节奏。

问题 3 再增加一点难度，这一次稍微挖掘得深一点。同时，这个问题也让我知道我是否需要为这个客户做所谓的"传教工作"。"传教工作"指的是在销售过程开始之前为客户建立基础。以我从事的商业咨询行业为例，如果我通过这个问题发现这家公司并不经常寻求商业咨询，我就知道需要花费相当多的时间让客户明白寻求外部咨询的价值。这必须在我开始销售我的商业价值之前完成。我是否想花费宝贵的时间做这个，通常取决于潜在客户以及我的行程。

问题 4 在销售界，没有销售经理会对销售额满意。即使答案可能会不太乐观，通常还会伴随着一阵讥讽的笑声，但是答案仍然有助于增强承诺。

问题 5 通常是再次让潜在客户说"是"，因为大部分公司都寻求过专家顾问的帮助或者在某个阶段考虑过寻求专家顾问的帮助。

问题 6 让客户对第 5 个问题说“是”，现在我给一个类似的问题增加了优势，这个问题与我的业务直接相关。

问题 7 这有点像“傻瓜”问题，因为问对方他们是否需要更多信息意味着我将会“让他们摆脱困境”并发送给他们一些详细信息。这通常会得到另一个肯定的回答。从心理上讲，此时潜在客户已经准备好进入“下一步”或者“终结”。

问题 8 最终的“终结”问题是经典的“二选一式结尾”，但并不会因为这个削弱它的力度。这是所有销售人员在销售过程的任何阶段都可以运用的问题：“我可以跟您做一个预约以便我们讨论一下我们是否可以为贵公司提供一些帮助吗？您看周一上午 11 点 40 分怎么样？或者周二上午 9 点 15 分会不会更合适？”（然后闭嘴。）“二选一式结尾”利用了人类大脑的另一个特质，即如果你给大脑提供两个选项，大脑就会倾向于选择其中一个。这在零售业中被广泛运用，比如在一家鞋店，“您想怎么支付呢，先生？……现金还是刷卡？”。从售货员的角度来看，问题不是你是否打算买那双鞋，他已经帮你做决定了。人们讨厌做决定，当有人帮他们做好决定时，他们会如释重负。超过 80% 的客户此时会选择其中之一。汽车代理商也运用这一策略，因为他们知道要你决定是否把辛苦赚来的钱花在一辆车上有多艰难。所以，他们帮你做决定。他们会使其与一些小问题而不是一辆闪亮的大汽车联系起来。“好的，先生，您更喜欢哪一辆车……红色的还是蓝色的？”，或者“您喜欢带天窗还是不带天窗的呢？”，抑或“您想要18英寸还是21英寸的铬合金车轮呢？”。当然，客户也很可能说“都不要”，但是如果你以一种自信的、谈话式的语气询问，那么大部分人会选择你提供的选项之一。在这个例子中，选项是“周一还是周二”，如果对方真的说了“都不行”，那么你需要确保自己准备好了另外两个日期供他选择。

你可能还注意到了我们提议的时间。相比于告诉对方整点时间“上午11点”或者“上午9点”，我们给的选项都稍微超过整点。“您看周一上午11点40分怎么样？或者周二上午9点15分会不会更合适？”这不是偶然的。你建议的预约时间对于潜在客户思考他们需要给你的时间长度有关联。如果你提议上午11点或者上午9点，那么电话另一头的人会下意识地选择下一个小时（上午12点或上午10点）。

换句话说，假设是你接到一个销售电话，对方让你在上午11点40分或者上午9点15分做出选择。仅凭这点信息，你认为面谈会持续多久？大部分人倾向于把时间凑到最近的1个小时，也就意味着在第一个选项下是“20分钟”，在第二个选项下是“45分钟”。由于提议的时间远少于1个小时，而且大部分人会把一天按小时划分，这使得他们更愿意见你。你没有说过面谈会持续多久，当你面对潜在客户时，如果你的面对面协商技巧高超，那么你们可能会洽谈远超1个小时！这一点取决于你。在这个阶段，你的目标很简单，就是争取获得预约。

第六，脚本的最后一个板块就是被标注为C的部分。这部分关注的是，如果他们仍然试图让你退却，你该怎么办。你是怎么处理回绝的呢？这里首先要强调，按照本书目前为止描述的方式进行电话销售，你实际上听到的回绝的次数会骤降。这是因为你不再关注你是谁，而是更加关注那些可能具有你能解决的问题的潜在客户。尽管如此，你还是会遭到回绝，这一部分要讲的是应对回绝的最有效方法。如你所见，第一个是经典的搪塞例子。“你能给我寄一份产品手册吗？”，或者“你能在电子邮件里跟我大致说一下吗？”，抑或“现在就告诉我……”，太多的电话销售人员都会把它们听成购买信号，然后热情地给出对方要求的信息或者卖力“陈述”，然后坐等回信。遗憾的是，电话永远不会打来，潜在客户只是出于礼貌。我们称之为“未完待续”（哄骗你）——在这个例子里，指的是没有前景的虚假请求。这并不是潜在客户发自内心的承诺。因此，当你听到这些话时，你首先应该做的是提出替代建议，然后立刻用类似的结尾再一次请求安排预约：“是的，潜在客户先生，这就是为什么我非常想跟您面谈。为您提供感兴趣的信息，避免浪费您的时间。我手边有我的行程表，您看哪个时间更好，是周一上午9点40分还是周二上午11点45分？”不要听信你办公室里那些愤世嫉俗的、消极的以及爱推卸责任的人（茶水间或者饮料机旁边的大部队），他们会告诉你这个方法不会奏效。当我接到销售电话的时候，我总是会试试他们的耐心，我会随机地抛出几个否定的回答，看看他们是否会坚持（他们中的 80% 会在这第一个障碍处跌倒）。坚持的人就是那些能获得预约的人。

成为他们的一分子吧。如果潜在客户不让步，他们还是坚持要先看到产品手册或者一些文字类的东西，那么你还有一张强有力的牌可以打，现在是时候运用一致性原则和承诺原则里的“承诺”部分了。当潜在客户坚持要看产品手册的时候，你可以用略带玩笑的语气说：“好的，潜在客户先生……但是如果我寄给您产品手册（或者信件、邮件），那么您一定会查阅，对吗？”然后，非常仔细地倾听对方回话的方式。如果电话那头的人自信地说：“当然，我一定会的。”那你就可以确信对方一定会看，他可能不会一字一句地读，但是他在给了你口头承诺之后，就会发展出一种心理动力去兑现承诺。

换句话说，如果对方听起来并不太想承诺要看，并且说一些类似这样的话，“好的，没问题……我可能会……如果我有时间的话”，你就需要彻底换一种方式。这里明显没有口头承诺，你需要尽快放下电话并接着寻找更大的可能性了。在这种情况下，我通常告诉自己今天可能会遭到拒绝，但是明天可能会有转机（毕竟没有什么是一成不变的）。我通常会这么说：“我来告诉你吧，潜在客户先生。我能看出来，目前这个问题对于您来说并不是一个特别重要的问题，我也不想往您的收件箱发送一大堆‘公文’，如果可以的话，我会把您的名字记下来，大约 6 周后再打给您。您看怎么样？”潜在客户对这种无压力的方式通常会非常吃惊，并认为下次打给他确实更合适。现在，你需要做的就是，在你的行程表上记下你承诺再次打过去的时间，然后认真做到。记住，在人生的大部分事情上，坚持不懈是成功之道。大部分人不会坚持，因此，成为那个坚持到底的人吧。

另一个常见的回绝是，“我不是很感兴趣”，或者“实际上我们自己能解决”，甚至“我们曾经跟一家类似的公司合作过，但是完全没用”。当听到这种回绝的时候，你需要更机敏一些。应对这种情形最有效的一种办法是你的回答完全不合乎逻辑。你最好的回答是：“是的，潜在客户先生，这也正是我们应该面谈的原因。我只需要占用您 10 分钟。如果我在 10 分钟内不能改变您的主意，我会自动离开。那么，您什么时候有空呢？”鉴于他刚刚跟你说的那些，你的回答似乎是不合情理的，因此你通常会听到对方由于困惑而犹豫片刻：“啊，什么？”“根据您的行程安排，我们什么时候见面方便呢？”你会惊讶地发现，当你试图把刚刚发生的那些合乎逻辑或不合逻辑的步骤理出头绪的时候，他们有多倾向于同意与你面谈。

最后，关于最普遍的回绝的部分，就是那些随口说的“缺预算”或“缺费用”。你的回答其实很简单。你只需保持诚实，但同时要礼貌地坚持下去。“我了解，潜在客户先生，现阶段重要的是我们见一面，然后谈一谈您将来对我们的产品或服务的需求。您的行程表在手边吗？我可以在……（说出具体时间）跟您面谈。”

所有这些回绝都很常见，你通常需要在一次销售电话中同时处理一个以上的回绝。根据经验法则，在任何一个销售电话中，你需要准备好接受并处理至少 4 个回绝。如果还没有用的话，那么你可能付出再多也争取不到这个客户。因此，你应该优雅、礼貌地挂掉电话，然后继续寻找下一个客户。

预约话术

你：早上好，我是（你的公司名字）的（你的名字），您可以帮我接通老板吗……

非常感谢！……哦，没关系的，那我就先和他的私人助理通话……

哦，对了，方便告诉我那个人的名字吗？谢谢。

你：（电话接通）早上好，我是（你的公司名字）的（你的名字）。

您是（名字）吗？您是（总监的名字）的助理吗？

可以麻烦您帮我一个忙吗？

我想知道我该如何向贵公司提交一份关于如何通过我们的一些服务使贵公司的销售团队在未来 10 周内效率翻倍的提议。

或者

你：您能不能告知我如何找到贵公司销售和市场部的负责人？

如果被转接到总监的语音信箱

你：早上好,（总监的名字）先生。我是（你的公司名字）的（你的名字）。

我想跟您探讨一下关于您销售团队的一个问题。

您能不能回个电话到 123×××× ××××，谢谢，（总监的名字）先生。

电话接通目标人物之后

你：早上好,（总监的名字）先生，我是（你的公司名字）的（你的名字）。

能打扰您几分钟吗？

潜在客户：好的。（如果回答是否定的，你就问一下，什么时候方便。）

你：您方便说话吗？我在本周的《金融时报》上读到您的文章。您设定的目标真的很有挑战性。我们是一家专业的培训公司，目前正致力于向各大公司展示如何在时下艰难的市场中使销售量翻倍。

潜在客户：哦，方便，你打算怎么做呢？

你：是这样的，您介意我问您几个简单的问题吗？

（1）请告诉我，您有一个大的销售团队吗？

（2）我能认为是您在负责这个团队吗？

（3）贵公司是否所有的培训都在公司内部进行？

（4）您满意目前公司的销售水平吗？

（5）您有没有考虑过聘请顾问来提升某个领域的业绩？

（6）如果我向您展示提升业绩的方法，您会考虑与我们（你的公司名字）这样的公司合作吗？

（7）您有意向了解一下我们（你的公司名字）的相关信息及业务范围吗？

我们能否约个时间，就贵公司认为是否有必要跟我们合作进行探讨？可以在……（具体时间）见面吗？或者……（具体时间）是不是更好？（然后闭嘴。）

（如果潜在客户对这两个提议都拒绝，准备好另外两个备用方案。）

如何处理回绝、延期及其他

潜在客户：请给我寄一份产品手册。

你：这正是我要见您的原因，我可以当面提供您感兴趣的信息，从而避免浪费您的时间。我手上拿着我的行程表，下周____或者下周____可以吗？

潜在客户：我真的很想先看一看产品目录。

你：如果我给您发送产品目录……你一定会看吗？

潜在客户：是的。（确定的语气——询问地址。）

潜在客户：是的……应该会的……（听起来模棱两可。）

你：潜在客户先生，我想您目前并不是真的感兴趣，因此这一次我不会增加您的垃圾邮件，但是我可以发给您我的名片，每隔几个月跟您联系一次。（确认地址。）

潜在客户：我不是很感兴趣（我已经有了类似的服务或你在浪费时间）。

你：这正是我只想占用您 10 分钟时间的原因。如果 10 分钟之后您仍然不感兴趣，那么我会自觉离开。那么，周____或者周____可以吗？

潜在客户：我已经没有预算了或我们已经负担不起任何其他开支了。

你：我理解。在这个阶段，我们很有必要见一面，探讨一下未来贵公司对我们培训业务的需求。你的行程表在手边吗？我可以在……（具体时间）或者……（具体时间）见您吗？

以直接产品成交为导向的销售电话

我和我的商业伙伴最近换掉了我们共同创办的培训公司的文具供应商。这一切缘于一个陌生人的销售电话——事实上是一系列销售电话，最终我还是被说服了。我从来没见过这位销售人员——一位女士，可能永远也不会见到。我从来没听说过她所在公司的名字。这位年轻的女士所采用的方法简直就是“照搬”本书上的部分内容。也许这就是我最终把业务给她的原因。她演绎得如此完美，因此我将她的方法作为本章的最后案例。

她的开场白以及突破我们的“看门人”的技巧堪称完美。但是，由于我们的时间很宝贵，我们在白天很少有时间接听这么多的销售电话，所以我们的看门策略异常严格。尽管如此，她还是在一个周六上午打通了我的电话，我当时正在伦敦的海德公园散步。事实上，我们在过去的一年中至少通过 5 次电话，但是我总是用一些虚假的回绝（如“我现在真的没有时间”）来拖延她。她则一直保持着礼貌的坚持（就像本书介绍的），不管我说什么或者脾气多暴躁，她总是会再打来。几个月后，她可能意识到需要换一种策略，即周末拨打电话的策略，事实证明这个策略确实有效。那么，在赢得我的信任之后，她是如何进一步推进的呢？她的方法集中在基于产品优势的“关切问题”上。

当你试图通过电话直接销售产品的时候，你一定要让潜在客户思考和他们目前经营方式有关的问题。不同于使用一致性原则和承诺原则，一种更强大的方法即将作用于客户的精神痛阈。

本书前面写到的关于开场白和处理回绝的部分依旧不变。但是，核心部分——“电话接通目标人物之后”需要以另一种方式处理，以获得最大的成功概率。图 4–1 ～图 4–3 已经列出了你不能做的一些事，以及为了给潜在客户营造一种需要电话销售人员的解决方案的紧急感而必须做的事。

关切问题

所谓“关切问题”指的是精心设计的致力于使潜在客户思考电话销售人员能够解决的问题。在开始为你的产品或服务设计这些看起来无伤大雅却非常有力度的问题之前，你必须再看一次你事先为你的产品或服务准备的“产品特征”清单第二栏的优势。

每一个优势都是一个问题的潜在解决方案，但前提是问题被暴露出来并且得到证实。我即将推荐的问题编辑程序更像美国电视智力竞赛节目《危险边缘》(*Jeopardy*)。

节目主持人事先把答案交给选手，然后问选手什么样的问题会得出这样的答案。因此，主持人可能会告诉选手说：“泰晤士河。”针对这个问题，选手的正确答案应该是：“流经伦敦的是哪一条河？”

没错，这正是我打算让你做的。现在，看着你写下的第一个优势，然后想一想这个优势有可能是你能问的什么问题的解决方案。在我之前的电话例子中，我有一个优势：“当有电话打来，在拿起话筒之前，看一眼显示屏就能知道是哪个号码来电，然后再决定哪个电话要接以及哪个电话不接。”

因此，如果我试图把这部电话卖给你，我的“关切问题”可能是：“潜在客户先生，您管理着一家繁忙的公司，我能问一下由于事先不能筛查而不经意接到浪费时间的电话会给您带去多大的困扰吗？”

上面是我故意挑选的一个简单的例子，但是不管你努力想卖的产品是什么，你的“关切问题”必须具有一个特质：不可以让人太愉悦！一个好的“关切问题”包含如下要素之一：问题、痛苦、头疼、费用贵、担忧、可怕、艰难、复杂、拖延、损失……

为了在这个问题上给你提供一些帮助，我准备了一些“关切问题”，你可以适当做一些改动为你所用。

- “您目前在……方面有问题吗？”
- “您在……方面遇到过困难吗？”
- “您觉得……令您头疼吗？”
- “这类危机会影响……吗？”
- “您有没有认真思考过……的固有风险？”
- “在……方面，很难管理这种程度的不确定性吗？”
- “当……的时候，这个问题会造成多大的困扰呢？”
- “处理关于……的问题会花费贵公司多少钱呢？”
- “解决这个问题会很贵吗？”
- “对于……您有什么样的担忧呢？”

- “对于……您有多困扰呢？”
- “当……的时候，这个会造成多大程度的恐慌呢？”
- “……有多痛苦呢？”
- “……有多令人不愉快呢？”
- “当……的时候，您会不会感觉很糟糕呢？”
- “当……的时候，这会不会很耗费时间呢？”
- “……是不是一个噩梦？”
- “当……的时候，这会不会让您很担心？”

那位就文具供应事宜联系我的年轻女士就使用了大量的“关切问题”。我并不能记得她说的全部，但以下就是她如何高效地拨打销售电话的技巧。相关名字我都做了改动以避免她过于尴尬。

她：埃瑟林顿先生，您好，我是某文具供应公司的莫莉。我刚刚在看贵公司的网站，我了解到贵公司提供各种各样的电话销售培训。

我：是的，我能帮到你吗？（心里想着，这是一个潜在客户，我最好认真听着。）

她：贵公司还提供其他销售课程吗？

我：是的，请问你具体需要哪方面的服务呢？

她：事实上，全部需要，请问贵公司一年总共有多少课程呢？

我：大概 200 场，我们的业务涵盖从电话销售、协商到公共演讲。

她：真的吗？太有意思了。贵公司一定需要很多纸张、笔、打印机和白板之类的文具产品吧。我之所以打这通电话是因为我们这家文具供应公司提供全国范围的你所能想到的所有文具，并且承诺每天中午 12 点之前接单提供免费送货服务。

我：哦，这样啊，你们是怎么做到的呢？目前，我们公司的规模还不是很大！

她：好的，我了解了，但是能让我问您几个问题吗？您有没有过在最后时刻用完必备文具的失误经历？

我：哦，有的，我们尽量避免这种状况，但还是发生过。

她：文具消耗完了会给您带来多大的问题呢？

我：我想大概会让我们看起来非常不专业，我们很讨厌这种事情。

她：是的，我能明白您的意思……最近一次出现这种情况是什么时候呢？

我：最近，我们有一次用完了特殊制作的研讨班工作手册的封面。当时情况很紧急，我花了大量的私人时间在伦敦西区奔走，最终成功找到一些。那天没有时间从我们的供应商那里组织一次送货，真的很伤脑筋！

她：那打印机墨盒呢？……您现在会不会觉得它们很费钱？

我：当然，我们一直在寻找更加便宜的打印方法。但是，品牌打印机墨盒似乎是唯一不可能降价的商品。

她：是的，我知道……我想自动邮资盖印机带也面临同样的问题吧。

我：那就更不要提了。我通常是从一家全国知名的制造商拿货的，它提供 48 小时送货上门服务。上次我下了订单，但是它没能将货准时送达。最后，终于来了一个箱子，但里面装的是提供给另一个客户的完全不同的产品。然后，它承诺第二天解决这个问题，但是它把产品发到了我们的旧地址。21 天后，我终于收到了产品……就其本身而言，它的产品太贵了！我不想花时间去思考这些琐碎的事，但是我又必须这么做！

她继续像这样以谈话的方式提问，我们交谈了大约 5 分钟。重要的是，我知道她当时的目的，但是我发现有人问及并倾听一个典型的工作问题是非常有益的。

当她问完了她清单上的“关切问题”后，她总结了我告诉她的关于我的问题。她并没有提到任何解决方案，仅仅是对我前面 5 分钟的抱怨进行总结。但是，听着她重复这些问题，我意识到，为了维持业务的正常运转，我每个月耗费了大量的时间和金钱在纸张、笔以及墨盒之类的简单事物上。然后，她说……

她：埃瑟林顿先生，我想问您一个问题。如果我们公司能为您解决所有这些文具供应问题，会给您带来什么样的影响呢？您的生活将会是什么样呢？

我：首先，如果你能舞动魔法棒使这些问题消失，我就不用担心需要花费半天时间到处寻找书的封面之类的愚蠢的紧急情况了。我们彩色印刷品的成本会大幅削减。我们的邮件营销活动将始终是可预测的，并且会更好地加盖印章并准时寄出——正是因为这方面出了纰漏，去年圣诞节我们一半的贺卡没能寄出！如果这些都能得到改善就太好了！

她：好的，我很高兴地告诉您，如果您在中午之前给我们打电话，我们这家文具供应公司可以为您保证任何数量的任何商品，包括书的封面，我们都可以在当天送货上门。您还提到打印机和邮戳机的问题，我们是所有品牌打印机和邮戳机的配件的官方供应商，提供同样的当天送货上门服务，并且价格至少比其他供应商便宜 25%。我们还能给您提供我们现有客户的清单。我们欢迎您致电其中任何一家公司，确认它们都准时收到了它们订购的物品，它们中没有一个曾经为了某个产品等 21 天。埃瑟林顿先生，我们想成为贵公司的文具供应商。此刻您想订购什么呢？

因此，一个周六的早上，站在海德公园的我订购了 4 000 套书的封面（前后封面各 4 000 张）、20 套墨盒（三色和黑色）以及几千根装订线。从此，我们合作无间，这家公司是我们主要的文具供应商，非常可靠而且价格实惠。

但是，让我们稍微花一点时间来分析一下她极具策略的方法，在这个案例中，她通过这个方法成功地在电话中拿下了一位新客户。

首先，她准备的方式正确。她掌握了情报，并且在拿起电话之前不惧麻烦地了解到了目标公司的信息及业务。她也很清楚她的公司的优势。她想到了文具供应出现问题后可能会引发的连锁反应，并通过她的问题一直引导我往下想。她帮助我在脑海中扩展了她的信息。在这个过程中，她很快地意识到，我是另外一个供应商的长期合作伙伴，因此可能会有一些不满，并据此迅速地调整了一个更加合适的方法来明确我在购买阶梯上的位置。如果我告诉她我刚刚换了新的供应商，并且没有什么不满意的地方，她的信息就会以不同的形式设计，并且再持续跟进几个月，这样她才能取得成功。

当她终于决定拿起电话打给我们时，她发现我们的“看门人”难以逾越。当她终于跨过“看门人”并接通了一位做决策的人（我或者我的商业伙伴）时，我们常常忙得没有时间跟她通话。但是，她非常清楚我们是很好的潜在客户，因此她选择了坚持。在这次电话之前她已经拨打了 5 次电话，她的坚持意味着在第 6 次打通我的电话时，她的名字和公司我都已经有了一些了解。人们更愿意接受生活中熟悉的事物。

当她终于找到我的时候，她的开场白迅速地吸引了我的注意力。她事先浏览过我们的网站并且询问了一些和我们当下正在进行的商业活动直接相关的事情。然后，她进一步推进，通过一系列聊天式的“关切问题”使我意识到一个小问题实际上正在引发很多其他问题。她的问题并不全部与我有关，但是现在想来当时大部分时间是我在说，她仅仅是用问题把我的思维引向了她预期的方向。她并没有试图通过告诉我什么来说服我，而是我自己在说服自己。最后，她总结我所说的内容，用我的话描述我的境况。她让我描述一下如果那些日益加重的问题得到解决的话，那么我的商业生活会是什么样的。事实上，在告诉她的过程中，我是发自内心地说出了换掉文具供应商的真正好处。我就在听着她确认她能够匹配我所说的每一个好处。

现在回想起来，她的大部分电话都是基于她的调查问题。不过，我一点也没有感觉是在被盘问。我感觉好像只是在跟一个对我的问题感兴趣的人进行了一次愉快的对话。

我不觉得自己好像“被灌输了什么”，而是觉得自己好像“获得了什么”。

第五章

如何持续地让客户“下金蛋”

一位满意的顾客！我们应该把他喂饱！

——贝兹尔·弗尔蒂（Basil Fawlty），《弗尔蒂旅馆》（*Fawlty Towers*），BBC（英国广播公司）喜剧集，1975 年

“卖给现有满意客户更多的产品比外出寻找新客户容易 90%。”

和销售的其他方面一样，电话销售看上去很简单……但是做起来难。因此，作为电话销售新手的我们需要找到尽可能多的方法使我们的商业生活变得容易一些。那么，让我来问你一个问题：你更倾向于打给陌生人还是打给现有客户？

这里的陌生人是指你需要从零开始，打给一位之前从未跟你有过贸易往来的潜在客户或者很长时间都不曾给过你任何业务的客户。另外，当我说打给现有客户时，我指的是打给最近给过你一些业务，而你又圆满完成，对方也至少满意甚至非常满意的客户。通常，对你近期提供的服务感到满意的客户，你在二次销售时会容易 90%，成本也会降低 90%。不仅如此，如果你能减少 10% 的现有客户正常流失率，你就能提高 25% ~ 90% 的收益！

寻找并争取一位新客户的成本是如此之高，以至每一家称职的公司都需要设计并实施一个计划来维持现有客户。你最大的敌人就是你的自满，这种心态让你误以为一位近期使用过你的服务的现有客户在下次需要你所能提供的服务时会自动找你。

事实并非如此。如果你自鸣得意，你的后院就会门户大开，竞争对手（比如我）就会蜂拥而至。

现有客户流失的最大原因很简单，他们只是忘了你。

作为一个不情愿的电话销售人员，你现在明白了为什么（虽然不管怎么样都得做）需要制订一个计划来维系客户。你必须让他们熟悉你的名字，以便更容易从他们那里获得更多的业务，从而增加你创造的利润，还可以把你需要拨打的陌生人的销售电话数量降到最低！

大部分电视广告的目的是提高产品的知名度。如果这对大型跨国早餐燕麦生产商、汽车生产商以及洗衣粉生产商都是良策，那么这对你来说也一定是很好的选择。

这里，我想向你介绍一些 5 年前我在网上看到的非常简单的方法，在过去的几年我已经成功地将其运用到公司中。这是一套维系现有客户的方法，是由一位世界顶尖的汽车销售员在很多年前发明的。他作为一个极其成功的销售人员甚至被写进了《吉尼斯世界纪录大全》。这是一个叫作“紧跟计划”的系统。这个系统并不难建立，如果你坚持执行的话，那么它通常会带来非凡的结果。原先在美国的计划原型很简单，但是非常有效。

你需要做的就是设计一张非常简单的明信片并寄出。

最初的明信片正面写着一条非常简单的信息：“我们喜欢你！”这行字的下面是公司名称、商标以及联系电话；背面则是客户的名字和地址，以及贴邮票的位置，仅此而已。

每周都有超过 10 000 张明信片被寄出。每个月，所有现有客户和以前的客户都会收到一张相同的明信片。这看起来似乎没什么大不了，但是效果却出奇地好。订单源源不断，仅仅是因为公司坚持让客户保持对公司名字的熟知。

这是一个非常简单的创意，可能你会觉得过于简单，但是请好好想一想。假设你要进行一项采购，而你脑海中有一串潜在供应商的名单，比如有六七家，你首先会找谁？是名单上不太熟悉的第五家供应商还是排名靠前的？如果你现有的供应商做得并不是特别出色，而你名单上的第二家供应商一直以来都定期出现在你眼前，那么你该怎么办呢？

我们倾向于被定期接触的熟悉事物吸引，这是几年前一所大学的实验主题。一群测试对象都收到一张白纸，上面布满了 50 个左右由弯曲线条、圆圈、三角形以及正方形组成的小图案。在他们观察半小时后，纸张被收走。第二天组内成员又收到了一张含有类似小图案的纸张。测试对象被要求在这张纸上圈出前一天在另一张纸上看到过的图案。大部分测试对象都做不到。

然后，测试对象被要求做一件不太一样的事——标记出诸如弯曲曲线等他们喜欢的图案。大部分人都选择了前一天见过的图案。他们也不知道原因……他们就是“更喜欢”这些图案。

在你看来——取决于你生活在世界的哪个地方，一张印有“我们喜欢你”字样的明信片可能有些过于简陋。在乐于讥讽的旧英国，你们可能会间歇性地捧腹大笑，觉得这样一条“甜言蜜语”会有什么用。如果是这样的话，那么你可能会喜欢我们的“修正版”。我们使用这个方法保持我们与老客户的紧密联系，并让潜在客户熟知我们的公司名字。仅仅通过定期向刚刚描述的客户发送类似的明信片，我们就收到了大量的回头订单和新业务。

不同于在明信片的正面写“我们喜欢你”，我们在明信片的正面印上合适的商务卡通画。你可以在网络上找到大量的类似的卡通图片。我们喜欢的网站有 www.cartoonbank.com 以及 www.library.kent.ac.uk/cartoons。在这些网站上，你可以通过主题或者话题搜索，并获得一些世界顶级漫画家的作品。获得许可以及下载高清图片的费用微乎其微。举例来说，打印 10 000 张图片通常需要 250 美元。我们知道这些明信片不同寻常，因为我们亲眼见证过，它们会被贴在通知板上或者行程表前。

以品牌建设为目的的明信片版式总是一样的。唯一不同的是，我们加入了卡通画。在正面卡通画的下面 1 厘米宽的地方，我们使用公司常用的字体和颜色，我们印上了公司网址和 3 项我们的主要业务；背面是一些基于 AIDA 原则的简短信息，包括一个吸引注意力的标题和一些客户感兴趣的内容……仅仅使用 25 ~ 35

个字。这个有效吗？客户记得我们吗？当然！你也可以这么做，你只是需要行动。

在这个时代，每个人都试图借助电子邮件和网络来推广自己的业务，而其中大部分被自动删除或者归为垃圾邮件，因此重点使用普通邮件对于陌生人的电话销售人员来说非常有用。除了在“紧跟计划”中作用非凡之外，它还能用来敲开一些难开的门。但是，让我强调一下，寄出邮寄广告和销售信件并不能替代拿起电话和拨打销售电话。

有些销售信件是非常难写的，即使是由写作技巧高超的专业人士撰写，并以成百上千甚至更多的普通邮件寄出，也只有1% ~ 2%的命中率，而这仅仅是为了让收件人打开信封！因此，作为业余选手的你可能没什么机会。

相比使用“紧跟计划”的明信片，在你没什么可以失去的时候，你还能使用蜗牛邮件敲开那些对你紧闭的门。因此，你可能会想尝试一下如下的建议（我们公司时不时地会使用这些方法，效果很好）。

邮寄（明信片除外）的法则是：邮寄一些鼓起的东西！这么做的原因其实比“这个包裹看起来很有趣”还简单。实际上，如果你让包裹“鼓鼓的”，那么就很难在其上方放置其他邮件，所以它会堆在文件的最上面！

为了吸引客户的注意力（AIDA原则里的A），我们常在信封里放置如下物品：一封“皱巴巴”的信、一份产品手册或者传单。如果我们“冒险”给人们寄送一些广告材料，那么我们通常在把它们放进信封之前尽量揉皱它们。我们还会在皱巴巴的文件上放一张“便利贴”，上面写着：

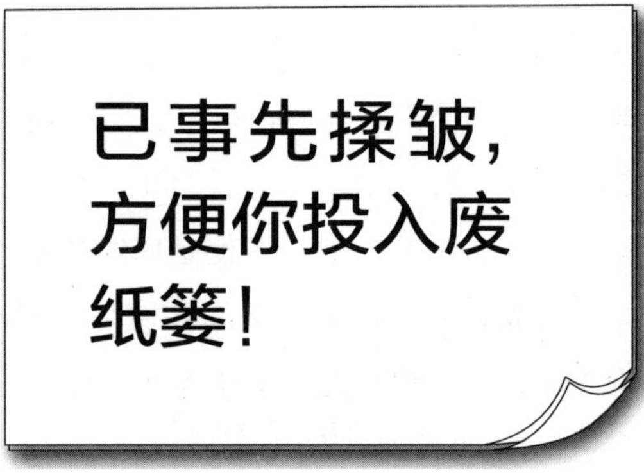

当我们在48小时之后打电话（我们通常会有一个跟随电话）过去的时候，我们发现80%的收件人都打开了信封，他们记得这封信并且觉得它即使不算非常滑稽也可以说是很有趣了。我们还发现，我们一告诉对方的私人助理我们的公司名字，就会得到这样的反应：“哦，对的，你是那个寄给我们那个皱巴巴的传单的公司的人，是吗？稍等，我这就帮你转接。”结果，我们能够和他们中的80%达成销售预约。

另一种鼓起包裹的形式是，我们事先在盒式磁带上录下如下信息：

“早上好，潜在客户先生。我是……公司的……。近日，我一直试图与您取得联系，我知道这不是传统的方式，但是您能不能在有空的时候回个电话。我的电话是 123 ××××××××。非常感谢，潜在客户先生。”

然后，我会在一个标签上写下如下的信息，并将其贴在磁带上，上面没有任何其他信息表明寄件人的身份。

请尽快播放这盒磁带。

收件人会发现这个和皱巴巴的传单一样让人好奇和难忘。它具有一种《碟中谍》的效果。如果 48 小时之内我们收不到回应，我们就会打电话去询问，同样效果非同凡响。

我们发现的第三种非常有效而且“鼓鼓的”邮件是，你可以去最近的药店或者鞋店购买一些便宜的鞋垫，那种你用来踮脚或者防止拇囊炎的东西！我们在鞋垫一端钻一个小孔，然后用绑着我们卡片的橡皮筋穿过小孔，卡片的背面写着：

只是为了走进这扇门。

人们会在一大堆垃圾邮件中再次注意到它。我们确实通过这个接到了业务。因此，如果你觉得这些途径太“低级”，配不上你的“高级”业务而打算忽略它们的话，请三思。我们使用这些技巧，从我们的“高级”竞争对手那里挖来了大量的“高级”业务。

还有最后一块紧急敲门砖，你可以考虑一下，但是这招只能由那些一直试图努力联系某个男性潜在客户的女士来执行。首先，让纸牌公司给你制作一些特殊纸牌：一盒红心 A、一盒红心 J 以及一盒红心 K。

收到纸牌以后，把一张红心 A 放入一个白色信封，并将它寄给你一直努力尝试联系的人。第二天寄给他一张红心 J，第三天寄给他一张红心 K。再过几天，给你的潜在客户打电话。当“看门人”问你是谁的时候，你只需要说：“能不能麻烦您转告他我是‘红心女王’，谢谢。”几乎没有男性不会因为好奇而拿起电话。同样，我们使用过这个敲门砖并且依旧在使用，而且效果很好。

不要做一个愚蠢的电话销售新手

对于 95% 的销售人员来说，陌生人的电话销售是他们能想到的最糟的事情。当他们去世后，如果他们不幸没有进入天堂，那么他们相信地狱一定是无穷无尽的陌生人的电话销售工作。但是，所有市场中 85% 的业务都是由定期拨打陌生人的销售电话的销售人员完成的。因此，为了得到法国的房子、宾利、远洋游艇、直升机以及巨额银行存款，你必须这么做。

本书实际上适用于市场上的大部分销售人员。他们和你一样胆小，所以你得下定决心做一些事情来改变这个现状，购买本书就是第一步。在拨打电话时，有一些绝对真理：

- 没有潜在客户会守在电话旁等你的电话。
- 大部分潜在客户即使没有你提供的产品或服务也能过得很好。
- 大部分潜在客户不想经历改变现状时产生的混乱。
- 没有一个潜在客户关心你产品的特征或事实，不管它们有多新颖。
- 除非你能在电话中通过问问题在潜在客户的心里播撒下一些 FUD［恐惧（Fear）、不确定性（Uncertainty）和质疑（Doubt）］的种子，否则你不可能获得预约或者成功销售。
- 在拿起电话之前，永远不要设想你想拨打电话的对象可能会暴躁、痛苦或者不是一个潜在客户。如果你做完了你的IKEA工作，这个人就是一个合格的潜在客户，他可以使用你的产品并做出购买决定。

为了在客户心中创造价值，你需要问一些能迫使客户思考他们处境的问题。最好的陌生人的电话销售人员其实和你一样胆小，他们只是询问更多的问题并持之以恒。真的就是这么简单。

我很期待听到你成功的消息。